Die Psalmen

Übersetzt von Moses Mendelssohn

Henssel

Herausgegeben von Walter Pape
Mit einem Nachwort von Walter Pape und Gideon Toury

An
Herrn
Professor Ramler

Ihrer kritischen Muse, mein verehrungswürdiger Freund, widme ich hiermit eine Arbeit, die, wenn sie von einigem Wert ist, ihr zum Teil diesen Wert zu verdanken hat. Ich bin gewohnt, bei jeder Ausarbeitung, die ich unter Händen habe, mir einen Freund zum Leser zu denken, dem ich vorzüglich zu gefallen strebe. In philosophischen Dingen war es unser Freund *Lessing* –, ist und bleibt es unser Freund *Lessing,* so lange noch Odem in mir ist, nach dessen Beifall und Aufmunterung ich ringe. Denn ob ihn gleich der Eifer für die *Freiheit der Untersuchung* nur allzufrüh aufgerieben hat; so wird er doch für mich nie tot sein, meinem Geiste immer gegenwärtig bleiben, und ich werde bei jeder Zeile, die ich in philosophischen Sachen niederschreibe, mich immer noch fragen: *Würde Lessing dieses billigen?* – Und als ich es wagte, den lyrischen Dichter meiner Nation, der den Deutschen von so mancherlei Seiten bekannt ist, auch von Seiten seiner poetischen Schönheit zu erkennen zu geben; wenn ich auch nicht das Glück hatte, einen *Ramler* zum Freunde zu haben, wen konnte ich glücklicher zu meinem Beurteiler wählen, als den kritischen Dichter Deutschlandes, ohne dessen Beifall ich nie Poesien, am wenigsten lyrische Poesien; es möchten eigne Ausarbeitungen, oder Übersetzungen sein, herauszugeben raten dürfte? – Hätte ich nun den Mut gehabt, Ihnen meine Übersetzung der Psalmen in der Handschrift zu überreichen, ich weiß, Sie würden für mich die Gefälligkeit gehabt haben, die Sie keinem Ihrer Freunde versagen; Sie würden meiner rauhen Arbeit den unnachahmlichen Schmelz, die meisterhafte Eleganz verliehen haben, die bis zu Ihrer Zeit der deutschen Sprache unerreichbar zu sein schien, und itzt noch das untrügliche Kennzeichen alles dessen bleibt, so durch Ihre Hände gegangen ist. Allein ich wußte auch, wie viel kostbare Stunden diese milde Gefälligkeit Ihrer Muse raubet, und wie manche bessere Arbeit sie der Nachwelt entziehet, die von ihrem Lieblingsdichter, wie unser Lessing sich ausdrückt, nicht nur *viel,* sondern auch *vieles* zu besitzen, wünschen muß. Ohne mich dieser Sünde gegen eine Nachwelt teilhaft zu machen, die sicherlich durch meine Übersetzung nicht entschädiget sein würde, empfiehlt sich Ihnen diese, samt allen ihren Fehlern und Unebenheiten. Mißfällt sie Ihnen nicht ganz, so findet sich wohl von selbst eine müßige Stunde, in welcher Sie zu nichts Besserm aufgelegt sind, und diese schenken Sie alsdenn dem Lehrer und Gefährten Ihrer frühen Jugend, dem Psalmisten, der Ihre vollendende Bearbeitung so sehr verdienet, und Ihrem gelehrigen Freunde,

Moses Mendelssohn.

An den Leser

Ich übergebe hier meinem Leser die Frucht einer mehr als zehnjährigen Arbeit, die mir in dieser Zeit viele angenehme Stunden verursacht, so manches Leiden versüßt hat. Ich habe die Psalmen nicht in ihrer Ordnung, nach einander weg, übersetzt; sondern wählte mir einen Psalm, der mir gefiel, der zu der Zeit mit der Lage meines Gemüts übereinkam, der mich bald durch seine Schönheit, bald durch seine Schwierigkeit, reizte; diesen trug ich im Sinne, bei so mancherlei ungleichartigen Beschäftigungen, mit mir herum, bis ich glaubte, mit dem Geiste meines Dichters so vertraut zu sein, als ich es meiner Fähigkeit nach, werden konnte, und denn war das Niederschreiben eine geringe Arbeit. Lies du eben so, mein Leser! wie ich geschrieben habe; wähle dir einen Psalm wie er grade um die Zeit mit deinem Gemütszustande übereintrifft: vergiß auf eine kurze Zeit alles dessen, so du von diesem Psalm bei Übersetzern, Auslegern und Paraphrasten gelesen hast; lies meine Übersetzung, und urteile! Bei nachmaliger Vergleichung wirst du finden, daß ich an vielen Stellen von allen meinen Vorgängern weit abgegangen bin. Sei aber versichert, daß es niemals ohne allen kritischen Grund geschehen sei. Ich muß wenigstens *geglaubt* haben, so den Geist meiner Urschrift besser zu erreichen, so dem wahren Sinne näher zu kommen, und ihn so in unserer Sprache besser auszudrücken. Ganz für die Langeweile habe ich mich von einem gebahnten Wege nie entfernt; vielmehr habe ich mir meine Vorgänger alle zu Nutze gemacht, so gut ich gekonnt. Auch die neuern Übersetzungen des Herrn Ritter *Michaelis* und seines treuen Nachfolgers, des Herrn Professor *Knapp,* haben mir Dienste geleistet, welche ich mit Dank erkenne. Ich bin so wenig in Neuerung verliebt gewesen, daß ich mich sogar, was die Sprache betrifft, genauer an Dr. Luther gehalten, als an spätere Übersetzer. Wo dieser richtig *übersetzt* hat, scheinet er mir auch glücklich *verdeutscht* zu haben: und ich habe selbst die hebräischen Redensarten nicht gescheut, die er einmal in die Sprache aufgenommen; ob sie gleich nicht ächtes Deutsch sein mögen. Da sie der Gebrauch nun einmal der

Sprache gleichsam einverleibt, und der Andacht geweihet hat; so verlieret der Übersetzer viel, der sie durchaus vermeiden will. Ich glaube also von jeder meiner Abweichung Rechenschaft geben zu können, und wo ich dem Texte untreu geworden bin, da liegt der Fehler in meiner Einsicht, nicht in meinem Willen. Um aber keinem Urteile vorzugreifen, liefere ich hier vorerst die Psalmen, so wie sie sind, ohne alle kritische Wehr und Waffen, ohne Streit mit andern Übersetzern, ohne Anmerkungen und Erläuterungen; denn ich wünsche *einmal* wenigstens, ohne alle kritische Rücksicht gelesen zu werden. Vielleicht hole ich meine ästhetische und kritische Gründe künftig in einem besondern Bändchen nach, wenn ich die Urteile der Liebhaber und Kunstrichter werde gesammelt und mit einander verglichen haben. Ich kann alsdenn berichtigen, wo ich gefehlt zu haben, und verteidigen, wo ich verteidigen zu müssen, überzeugt sein werde. – Kurz! ich glaube, ohne kritische Vorurteile übersetzt zu haben; wünsche ohne kritische Vorurteile gelesen und beurteilt zu werden, und verspreche, ohne kritischen Eigensinn, Belehrung anzunehmen.

* * *

Daß der edle Mann dieses wirklich getan, davon zeigte diese zweite veränderte Ausgabe, unter deren Verschiedenheiten einige sind, die der selige *Mendelssohn* auf die Belehrung seiner Freunde angenommen. Was die Abänderungen und Berichtigungen in dieser zweiten Ausgabe überhaupt betrifft: so sind sie dem Herausgeber derselben, der besondere Gelegenheit gehabt, mit Herrn *Mendelssohn* oft und viel über seine Psalmenübersetzung zu sprechen, von ihm selbst, teils schriftlich, teils mündlich mitgeteilt worden. Zu gleicher Zeit hatte er das Vergnügen, von demselben über die Gründe belehrt zu werden, die ihn bei seiner Arbeit zur Billigung oder Verwertung voriger Übersetzungen bestimmt haben; und auch diese sollen dem darnach verlangenden Publikum nicht vorenthalten werden, sobald es nur erst gewiß ist, daß es ein solches Publikum gibt. Denn, wenn schon jenes Bändchen ästhetischer und kritischer Gründe, das der beliebte Verfasser nachzuliefern Willens war, sicher willkommen gewesen wäre: so wird doch der Nachhall nie auf den Beifall rechnen können, den die liebliche Stimme sich selbst gewann. Was aber den ruhmvollen Verfasser auf andere Gedanken, und uns um den Besitz eines gewiß lehrreichen Buches gebracht hat, das ist schon anderweitig von seinem würdigen Freunde, Herrn *David Friedländer,* in dessen vortrefflichen Abhandlung über diesen Gegenstand gehörig erörtert worden, woselbst auch der Gesichtspunkt aus welchem, und die Methode nach welcher Hr. *Mendelssohn* die Psalmen übersetzt hat, so fein als richtig angegeben sind; daher sie dann mit Recht als einstweilige Einleitung zu vorliegendem Buche zu empfehlen ist.

Erstes Buch

I.

1. Heil dem Manne, der nicht kömmt
    In den Rat der Frevler;
Der nie betrat den Weg der Sünder;
    Nie saß, wo Spötter sitzen.
2. Dem nur Gottes Lehre frommt,
    Der Tag und Nacht sie forschet.
3. Er grünet, wie ein Baum am Bach,
    Der Früchte trägt zur rechten Zeit,
Kein Blatt zu früh abwirft,
    Und was er tut, gelinget.
4. So nicht die Frevler!
    Die sind wie Spreu, den jeder Wind verweht.
5. Die Frevler bestehn nicht im Gerichte,
    Sünder nicht vor der Gemeine der Frommen:
6. Denn gottgefällig ist der Frommen Weg;
    Der Sünder Weg verliert sich.

II.

1. Was toben die Heiden?
    Was wähnen die Völker für Tand?
2. Stehen auf, Könige der Erden,
    Fürsten pflegen Rat,
    Wider Gott und seinen Gesalbten:
3. „Laßt uns zerreißen ihre Bande,
    Von uns werfen ihre Fessel!"
4. Der im Himmel thronet, lacht;
    Gott sieht mit Spott auf sie herab.
5. Einst redet er im Zorn sie an;
    Einst schreckt er sie mit seinem Grimme:
6. „Ich habe meinen König eingesetzt,
    Ich selbst, auf Zion, meinem heiligen Berge!"

7. Mein Mund verkündet, zum Gesetz,
Gott sprach zu mir: „Du bist mein Sohn!
Heut' hab' ich dich gezeugt!
8. So heische nur, ich gebe Völker dir zum Erbe;
Der Erden Grenzen dir zum Eigentum.
9. Zerschmettre sie mit ehrner Keule!
Zerschmeiße sie gleich irdenem Geschirre!"
10. Nun Könige, bedenkt es wohl!
Laßt euch belehren, Erdenrichter!
11. Den Ew'gen betet schauervoll an,
Und freuet euch, mit Ehrfurcht.
12. Dem Sohne huldiget, daß er nicht zürne:
Ihr kommet um auf irrem Wege,
Sobald sein Zorn entflammt!
Heil denen die er schützt!

III.

1. Psalm Davids.
Auf der Flucht vor seinem Sohn Absalom

2. Ach Ewiger! wie sind der Feinde so viele!
So viele die sich setzen wider mich!
3. So viele die von mir frohlocken:
„Für ihn ist keine Hülf bei Gott!"
4. Du aber Ewiger! bist ein Schild für mich;
Setzest mich zu Ehren; hebst mein Haupt empor!
5. Mit lauter Stimme ruf ich an, den Ewigen:
Und von seinem heilgen Berg' erhört er mich.
6. Nun lieg' ich ruhig, schlafe,
Erwache, denn mich hält der Ewige.
7. Vor Myriaden Volks ist mir nicht bange,
Umhergelagert wider mich –
8. Auf, Ewiger! Du rettest mich, mein Gott!
Das Kinn zerschlägst du meinen Feinden;
Zerschmetterst der Verruchten Zähne!
9. Hülfe findet man
Bei dem Ewigen.
Deinen Segen über dein Volk!

IV.

1. Dem Sangmeister Davids, auf Neginoth vorzuspielen.

2. Erhöre, wenn ich flehe,
   Gott meiner Unschuld!
Der du mich rettest in Angst,
   Sei mir gnädig,
   Erhöre mein Gebet!
3. Wie lange, lieben Herren!
   Schändet ihr noch meine Würde?
Wie habt ihr das Eitel so lieb;
   Treulosigkeit so gerne?
4. Bedenkt, daß seinen Heiligen,
   Der Ewige sich erkoren;
   Er hörts, wenn ich ihm flehe.
5. So bebt, und sündigt nicht:
   Überlegts im Herzen,
   Auf euren Lagerstätten,
   Und laßt vom Aufruhr ab!
6. Bringet Opfer der Gerechtigkeit,
   Und vertraut dem Ewigen!
7. Viele seufzen zwar:
   „Wer gibt uns beßre Zeit!"
Laß deines Angesichtes Strahl,
   O Herr! nur wehen über uns!
8. Mehr Freude legst du mir ins Herz,
   Als wenn ihr Korn und Most sich häuft.
9. Friedselig leg' ich mich, entschlafe;
   Denn du allein, o Ewiger!
   Setzest mich in Sicherheit.

V.

1. Dem Sangmeister auf Nechiloth, ein Psalm Davids.

2. Höre meine Worte, Ewiger!
   Merk auf mein inbrünstig Flehen.

3. Vernimm die Klagen meiner Wehmut,
Mein König und mein Gott!
Wenn ich vor dir bete.
4. Herr! frühe wollest du mich hören;
Frühe schick' ich mich zu dir, und harre.
5. Denn du bist nicht ein Gott,
Dem Frevelmut gefällt:
Bosheit findet keinen Schutz bei dir.
6. Übermütige bestehn vor deinen Augen nicht:
Du hassest alle Übeltäter:
7. Du richtest die Verleumder hin!
Ein Greuel hat der Ewige
An Blutbegierigen und Falschen.
8. Ich aber – auf deine große Güte,
Betret' in Zuversicht dein Haus.
Ich bete hingestreckt, in Gottesfurcht,
Vorm Tempel deiner Heiligkeit.
9. Leite mich in deiner Frömmigkeit,
O Ewiger! den schadenfrohen Trotz!
Richte deine Wege vor mir her!
10. Denn in ihrem Munde ist nichts Redliches.
Unheil brütet ihr Herz;
Ein offnes Grab ihr Rachen,
Die Sprache glatte Heuchelei.
11. Bestraf sie, Gott! O daß sie sinken,
Von ihrem Vorsatz tief herab!
Verstoß in ihrer Frevel Menge sie,
Die sich empören wider dich!
12. Laß alle sich freun, die dir vertraun.
Unaufhörlich laß sie jauchzen,
Daß du ein Schirm bist über sie.
Fröhlich laß sie sein in dir,
Die deinen Namen lieben.
13. Denn du segnest den Gerechten,
Ewiger! dein Wohlgefallen
Umkränzt ihn, wie ein Schild.

VI.

1. Dem Sangmeister auf Neginoth mit acht Saiten,
ein Psalm Davids.

2. Herr! straf mich nicht in deinem Zorne!
Züchtige mich in deinem Grimme nicht!
3. Sei mir gnädig, ich welke dahin;
Heil mich, denn mein Gebein ermattet;
4. Meine Seele ist sehr ermattet;
Und du, Herr! – Ah! wie lange noch!
5. Wende dich, Herr! rette meine Seele!
Hilf mir, um deiner Güte willen!
6. Denn im Tode denkt man deiner nicht:
In der Gruft – wer dankt dir da? –
7. Ermüdet von Seufzen,
Schwemm' ich jede Nacht mein Bette,
Netze meine Lagerstatt mit Tränen.
8. Meine Gestalt verfällt vor Harm,
Altert vor so vielem Drangsal. –
9. Weicht, Übeltäter alle! weicht!
Mein Weinen hört der Herr;
10. Der Herr erhört mein Flehen;
Der Herr nimmt meine Bitte an.
11. Schmachvoll stürzen meine Feinde alle
Zurück! ein Wink! – sie sind zu Schanden!

VII.

1. Schigaion Davids, das er dem Ewigen sang,
bei Gelegenheit des Kusch eines Jeminiten.

2. Jehova! mein Gott! auf dich vertrau' ich;
Hilf mir wider die Verfolger! rette mich!
3. Daß man mich nicht zerreiße, wie ein Löwe
Erdrosselt, wo kein Retter ist.
4. Jehova, mein Gott! hab ich *dies* getan;
Hat solches Unrecht meine Hand befleckt;

5. Vergalt ich Böses einem Gutgesinnten;
Drückt' ich den, der mich umsonst gehaßt:
6. So mag der Feind verfolgen meine Seele;
Mein Leben hin zu Boden treten;
Und meine Ehre legen in den Staub.
7. Jehova! auf! erhebe dich in deinem Zorne,
Hoch über meiner Feinde Wüten,
Und rüge nun für mich, das Recht, das du geboten.
8. Versammle Völker um den Richterthron,
Und wende dich gen Himmel über sie.
9. Der du den Völkern Recht sprichst, richte mich,
Mein Gott! nach meiner Redlichkeit und Unschuld!
10. Der Bösen Tücke laß verschwinden, den Gerechten feste stehn,
Gerechter Gott! der Herz und Nieren prüft!
11. Mein Schild ist bei dem Herrn,
Der frommen Herzen hilft.
12. Gott richtet den Gerechten,
Und den, der täglich frevelt.
13. Kehret er nicht um; so ist sein Schwert gewetzt;
So spannet er den Bogen, richtet ihn;
14. Legt an sein tödliches Geschoß,
Und jählings treffen seine Pfeile.
15. Wer Bubenstück empfängt, wer unglücksschwanger ist,
Bringt eine Fehlgeburt zur Welt.
16. Der eine Grube gräbt und aushöhlt,
Sinkt in die Gruft, die er gemacht.
17. Sein Unglück trifft auf seinen Kopf:
Sein Unrecht stürzt auf seine Scheitel nieder.

18. Ich will den Herrn nach seiner Gerechtigkeit preisen:
Des Höchsten Namen, Jehoven lobsingen.

VIII.

1. Dem Sangmeister auf Gittith, ein Psalm Davids.

2. Unendlicher! Gott, unser Herr!
Wie mächtig ist dein Nam' auf Erden;
Da deine Majestät am Himmel glänzt!

3. Der Säuglinge und Kinder Lallen
Befestiget dein Reich, beschämt den Sünder,
Und stürzt den Feind, der Rache schnaubt.
4. Betracht' ich deiner Finger Werk, den Himmel,
Den Mond, die Sterne, die du eingesetzt: –
5. Was ist der Mensch, daß du noch sein gedenkest;
Der Erdensohn, daß du dich seiner annimmst?
6. Hast ihn den Engeln wenig nachgesetzt;
Hast ihn mit Ehr' und Schmuck gekrönt:
7. Ernennst ihn zum Beherrscher deiner Werke,
Und legst zu seinen Füßen alles:
8. Das Lamm, den Stier, und auch Gewild;
9. Was in der Luft, was sich im Wasser regt. –
Er bahnt sich Wege durch die Meere!

Chor.

10. Unendlich, Gott unser Herr!
Wie ruhmvoll ist dein Nam' auf Erden!

IX.

1. Dem Sangmeister auf Muthlaben, ein Psalm Davids.

1.

2. Von ganzem Herzen dank' ich dir,
O Herr! erzähle deine Wunder alle.
3. Dir frohlock' ich Jubelgesang;
Deinem Namen tönt mein Saitenspiel.

2.

4. Da hinter sich entweichen meine Feinde;
Dein Zornblick stürzt sie hin, sie sind nicht mehr.
5. Du führst mir Recht und Sache aus,
Gerechter Richter auf erhabnem Throne!
6. Strafst Barbarn, bringest Frevler um;
Rottest ihre Namen ewiglich aus.

3.

7. O Feind! die Trümmer sind hin!
Die Städte die du verheert –
Verschwunden, sie samt ihren Spuren: –
8. Aber ewig herrscht der Herr;
Fest steht zum Gericht sein Thron!
9. Er richtet nach Gerechtigkeit den Erdkreis;
Spricht sein gerades Urteil über Nationen.

4.

10. Der Herr wird Zuflucht dem Bedrängten sein.
Zuflucht in des Trübsals Zeiten.
11. Dir vertrauet, wer deinen Namen kennet;
Denn du verlässest sie nicht, die nach dir fragen, Herr!

5.

12. Lobsinget dem Herrn!
Dem Throner zu Zion!
Verkündet den Völkern
Seine Wundertaten.
13. Der Blutschuldrächer
Hat ihrer gedacht;
Vergißt das Klaggeschrei
Der Unterdrückten nicht.

6.

14. Sei mir gnädig, Herr! sieh mein Leiden unter Feinden!
Der du aus des Todes Toren mich erhebest!
15. Auf daß ich deinen Preis verkünde;
In Zions Mauern, ob deiner Hülfe, singe:

7.

16. „Gesunken sind die Barbarn
In die Gruft, die sie gegraben;
Gefangen ihre Füße
Im Netze, das sie eingelegt.
17. So wird der Ewige erkannt;
Das Recht, das er verschafft. –
Verstricken muß der Frevler sich
In eigner Hände Werk.
O des großen Gedanken!“

8.

18. Daß sie zur Unterwelt führen, die Frevler,
Die Barbaren alle, die Gottes vergessen!
19. Nicht auf ewig ist der Elende verlassen;
Auf immer nicht der Leidenden Hoffnung dahin!
20. Auf Herr! Es trotze nicht auf Übermacht der Mensch!
Laß sie gerichtet werden, die Barbarn, vor deinem
Angesicht!
21. Setz' einen Meister über sie! laß sie fühlen, die Barbarn,
Daß sie nur Menschen sind!

X.

1. Warum stehest du so fern, ach Ewiger!
Erscheinest nicht, zur Zeit des Trübsals?
2. Da des Frevels Übermut die Armen jagt,
Und sie verstrickt in Ränke, die er ausgedacht.
3. Ha! der Verruchte rühmt sich seines Mutwills;
Der Räuber segnet sich, daß er der Gottheit spottet!
4. In seinem Trotze, fragt der Bösewicht, nach nichts:
„Es ist kein Gott" sind alle seine Tücke.
5. Er geht seine Wege unaufhaltsam fort –
Dein Strafgericht ist fern von ihm – in jener Höhe –
Er haucht hinweg was widerstrebt –
6. Und wähnt im Herzen: „Ich wanke nie;
Mich trifft kein Unfall für und für."
7. Voll Meineid, Trug und Arglist ist sein Mund;
Herzeleid und Unheil unter seiner Zunge.
8. Er liegt im Hinterhalt, der Räuber!
Die Unschuld heimlich zu erwürgen:
Sein Auge lauert dem armen Wandrer auf.
9. Er lauschet im Verborgenen,
So wie ein Löw' im Dickicht.
Lauscht, den Armen zu erhaschen;
Zeucht sein Netz, und hascht den Armen;
10. Schmiegt und krümmt sich, bis der Verlassene
In seine Mordgebeine fällt.

11. Er spricht im Herzen: „Gott vergißt es,
Hat sein Antlitz weggewendet,
Sieht in Ewigkeit nicht drauf."
12. Auf Herr! o Gott erhebe deinen Arm!
O du vergissest der Unterdrückten nicht!
13. Was höhnt der Frevler noch die Gottheit.
Und spricht im Herzen: „Du ahndest nicht?"
14. Fürwahr du siehest (Gram und Leiden
Teilt deine Vorsicht aus)
Dem einsamen Wandrer, der dir's überläßt:
Verwaiseten bist du ein Helfer.
15. Zerbrich des Frevels Gewalt,
Daß du die Bosheit suchest;
Und nicht findest!

Chor.

16. Der Ewige ist König,
Immer und Ewig:
Hinweg aus seinem Lande
Sind die Barbarn, hinweg!
17. O du erhörst den Wunsch der Demutsvollen,
Richtest ihr Herz auf,
Neigest dein Ohr hin:
18. Recht zu schaffen Waisen und Bedrängten,
Daß mehr nicht Frevelmut verübe,
Der Mensch, der Erdensohn.

XI.

1. Dem Sangmeister von David.

Der Herr ist ja mein Schutz;
Was sprecht ihr denn zu meiner Seele:
Flieh, einem Vöglein gleich, zu jenen Bergen hin?
2. Siehe! Frevler spannen ihren Bogen,
Richten auf der Sehne ihr Geschoß,
Im Finstern Redliche zu treffen:

3. Bräche nun die feste Schutzwehr ein:
Was wäre des Gerechten Los?
4. In seinem heiligen Palast, der Ewige;
Er hat im Himmel seinen Thron;
Aber seine Augen schauen,
Sein Blick durchforschet Menschenkinder.
5. Den Gerechten prüft der Ewige;
Den Freund der Ungerechtigkeit,
Den Frevler haßt sein göttliches Gemüt.
6. Des Blitzes Stricke wirft er einst,
Vom Himmel auf die Frevler nieder:
Flamme, Schwefeldunst und Glutwind
Wird ihres Bechers Anteil sein.
7. Denn gerecht ist ja der Ewige! Er liebt Gerechtigkeit
Und blickt das Redliche mit Wohlgefallen an.

XII.

1. Dem Sangmeister auf Haschminith, ein Psalm Davids.

2. Herr steh uns bei! die Frommen sind dahin;
Die Zahl der Redlichen nimmt ab.
3. Ein jeder redet falsch mit seinem Nächsten;
Mit glatten Lippen, Doppelsinn im Herzen.
4. Vertilge, Herr! die glatten Lippen alle!
Die Mäuler, die so stolze Worte führen;
5. Die, welche sprechen: unsre Zunge ist frei;
Der Mund ist unser; wer meistert uns?
6. „Da ihr die Armen drücket;
Da die Geplagten seufzen;
So will ich auf, spricht Gott,
Will Heil versichern dem,
Den sie wie Staub weghauchen!“
7. Jehovens Worte sind geläutert,
Wie Silber, in der Erde, seiner Werkstatt,
Von Schlacken siebenfach gereinigt.
8. Du wirst sie, Herr! erfüllen,
Wirst stets vor dieser Brut uns schützen!

9. Es wimmelt um und um von Frevelhaften,
Die Schmach der Menschheit kreucht,
wie Würmer, aus!

XIII.

1. Dem Sangmeister, ein Psalm Davids.

2. Ach, Herr! wie lange willst du mein so ganz vergessen?
Wie lange noch dein Antlitz mir verbergen?
3. Wie lange muß ich meinen Geist mit Sinnen,
Mein Herz mit Sorgen täglich quälen?
Wie lange noch mein Feind obsiegen?

4. Schau herab! erhöre mich! Ach Ewiger! mein Gott!
Erleuchte meine Augen wieder,
Daß ich des Todes nicht entschlafe,
5. Sonst spricht mein Feind: „Den überwand ich!"
Frohlocken Widersacher meines Falles.

6. Doch ich vertraue deiner Güte,
Mein Herz frohlockt, ob deiner Hülfe,
Dem Ewigen singe ich; denn er tat mir wohl.

XIV.

1. Dem Sangmeister, von David.

Im Herzen spricht der Schalk: es ist kein Gott!
Verderbnis, Greul sind ihre Werke:
Und niemand will das Gute üben.
2. Vom Himmel schaut der Ewige
Auf die beglückten Menschensöhne:
Ob einer der Vernunft gehorche;
Nur einer Gott im Herzen fühle.

3. Da weichet alles, einig zum Verderben;
   Nicht einer will das Gute üben, nicht einer.
4. Sie werden inne werden, die Tyrannen!
   Die itzt mein Volk, wie Brot, verzehren!
   Den Ewigen, den sie nicht angerufen!
5. Da wird Entsetzen sie befallen;
   Die Allmacht schützt die Wohnung des Gerechten!
6. Nun schmäht den Rat des Elenden:
   Sein Schutz ist Gott!

Chor.

7. Gott, der von Zion aus
   Den Israelen Hülfe sendet.
   Wenn des verstoßnen Volks
   Der Herr sich annimmt;
   Ist Jakob froh, und Israel in Freuden.

XV.

1. Ein Psalm Davids.

Wer darf, O Herr! in deinem Zelte wohnen?
   Wer auf deinem heiligen Berge ruhn?
2. Der redlich wandelt, Recht ausübet;
   Vom Herzen Wahrheit redet;
3. Mit seiner Zunge nie verleumdet;
   Nie seinem Nächsten Böses tut,
   Nie seine Nebenmenschen schmäht;
4. Verächtliche nicht achtet,
   Die Gottesfürchtigen ehrt;
   Zu seinem Schaden schwört und hält;
5. Wer ohne Wucher Geld verleiht,
   Und Unschuld unbestechlich schützt.
   Wer dieses tut, wird ewig bleiben.

XVI.

1. Ein Kleinod Davids.

Bewahre mich, Gott! ich suche Schutz bei dir.
2. Sprech zum Ewigen: mein Herr! du!
Bist meine Seligkeit; nichts ist über dich,
3. Den Heiligen in diesem Lande.
Wie mächtig ist an ihnen meine Lust!
4. Die nach andern buhlen, häufen nur ihr Weh;
Ich mag nicht ihres blutigen Opferweins,
Mag ihre Namen nicht auf meinen Lippen tragen.
5. Du, Ewiger, mein Freudenmahl, mein Kelch!
Du hast für mich das Los gewählt!
6. Mein Anteil fiel ins Liebliche;
Auch ist mein Eigentum mir hold.
7. Nun preis' ich ihn, den Ewigen, der mir geraten:
Und in düstern Nächten, bei innerm Leiden,
8. Hab' ich immer den Ewigen vor Augen.
Er steht mir bei; ich kann nicht wanken.
9. Drum ist mein Herz vergnügt, meine Ehre freudenvoll:
Auch selbst mein Fleisch wird sicher ruhn.
10. Denn du gibst der Gruft nicht meine Seele preis;
Du lässest deinen Frommen nicht Verwesung schauen.
11. Du tust mir kund den Pfad des Lebens.
Vor deinem Antlitz ist der Freuden Fülle;
In deiner Rechten Seligkeit auf ewig!

XVII.

1. Gebet Davids.

Erhöre Ewiger! die Gerechtigkeit!
Merk auf mein Schreien!
Vernimm mein Gebet,
Aus Lippen ohne Falsch!
2. Sprich du mein Urteil aus!
Untrüglich schauen deine Augen.

3. Mein Herz hast du geprüft,
Mit trüber Nacht es heimgesucht;
Hast mich geläutert, fandest nicht,
Daß wider deine Worte,
Ich freventlich auch nur gedacht:
(Und gings auch über meinen Mund
4. Zur Menschentat nicht über:)
Daß ich auf Abweg' ausgetreten sei.
5. Fest steht mein Fuß in deinen Steigen;
Meine Tritte wanken nicht.
6. Nun ruf ich, Gott! antworte mir!
Neige mir dein Ohr! vernimm mein Flehn!
7. Zeige deine Wundergüte,
Retter derer, die sich bergen
Vor Feinden, unter deiner Rechten!
8. Bewahre mich, wie Bild im Auge;
Birg mich unter deiner Flügel Schatten!
9. Vor Ruchlosen, die mich plagen,
Aus Übermut, mich hassen, mich verfolgen.
10. Ihre Fetten schließen fest;
Drum spricht ihr Mund so stolz.
11. Wohin wir gehen, stellen sie uns nach,
Und lauren ab, dahin zu stürzen.
12. So wie ein Löw, des Raubs begierig,
Wie junger Leu in Höhlen lauscht.
13. Auf, Ewiger! eil ihm zuvor! Stürz' ihn!
Rette mich vom Bösewicht, deinem Rachschwert;
14. Vom Pöbel, deiner Geißel, Ewiger!
Vom Pöbel dieser Niederwelt.
Ihr Anteil sei in diesem Leben;
Sie füllen ihren Bauch mit deinem Gute;
Kinder haben sie die Fülle,
Und hinterlassen Überfluß den Jungen.
15. Ich werde mit Gerechtigkeit dein Antlitz schaun;
Erwachend mich ergötzen,
An deiner Gottesgestalt.

XVIII.

1. Dem Vorsänger, ein Psalm von David, dem Knechte des Ewigen, der dem Ewigen zu Ehren sang, als er ihn von allen seinen Feinden, und besonders von der Hand Sauls, rettete.

1.

2. So sang er: Herzlich lieb' ich dich, Herr, meine Stärke,
3. Mein Schutzfels, meine Veste, mein Erretter,
Mein Gott, mein Hort auf den ich traue;
Mein Schild und meines Heiles Horn!
4. Gelobt, rief ich, sei Gott, und war vom Feind erlöst:

2.

5. Schon umfingen mich des Todes Banden,
Die Ströme der Unterwelt schreckten mich schon;
6. Der Höllen Band' umstrickten mich;
Ich ward von Schlingen des Todes ergriffen.
7. Aber in der Angst ruf ich zum Herrn,
Schrei hinauf zu meinem Gotte.
Er hört mein Flehn aus seinem Tempel:
Mein Gebet dringt ihm zu Ohren.
8. Die Erde bebte, ward erschüttert;
Es regte sich der Berge Grund.
Sie erbebten, da er zornig ward.

3.

9. Dampf stieg auf, als er ergrimmte;
Aus seinem Munde zehrend Feuer,
Glutflamm lodert davon.
10. Er neigte den Himmel; fuhr hernieder;
Unter seinen Füßen, düsteres Gewölk.
11. Er fährt auf Cherubsrücken, fliegt daher;
Schwebend auf Flügeln des Windes.
Hüllet sich in Dunkel ein;
12. Macht Finsternis sich zum Gezelte;
Mitternächtliche Fluten,
    Wolk' auf Wolken!

4.

13. Aus Lichtglanz gegenüber
Durchschlängelt sein Gewölk
Hagel und glühender Blitz:
14. Der Ewige stürmt im Himmel;
Der Höchste donnert herab,
Hagel und glühenden Blitz.
15. Wirft seine Pfeile, streut umher;
Schießet Blitz' ab, schleudert sie hin.
16. Sichtbar ward der Fluten Urquell:
Aufgedeckt der Erden Grund,
Von deinem Drohen, Ewiger!
Vom Odem deines Zornhauchs.

5.

17. Mir reicht er aus der Höhe seine Hand,
Ergreift und ziehet mich aus brausenden Fluten.
18. Errettet mich von Feindes Gewalt,
Von Widersachern, mir zu mächtig.
19. Sie überfielen mich, in unfallsschwangern Tagen:
Aber Gott ward meine Zuversicht.
20. Der führt mich aus, in weiten Raum;
Errettet mich, denn er hat Lust an mir.

6.

21. Gott tut mir wohl, nach meiner Frömmigkeit;
Belohnet meiner Hände Reinigkeit.
22. Denn ich halte die Wege des Herrn,
Bin nicht ruchlos, wider meinen Gott.
23. Seine Rechte hab' ich stets vor Augen,
Seine Lehren weichen nicht von mir.
24. Mein Herz ist ungeteilt mit ihm;
Ich hüte mich vor Übertretung.
25. Darum vergilt der Herr nach meiner Unschuld mir,
Nach meiner Hände Reinigkeit vor seinen Augen.

7.

26. Du bist dem Gütigen allgütig;
Dem Treugesinnten, treugesinnt;
27. Verfährst mit Reinen, rein,
Bist Tückevollen unversöhnlich.

28. Dem Unterdrückten stehst du bei,
Und senkst die stolzen Blicke nieder.
29. Du erleuchtest meine Leuchte,
Der Herr macht meine Finsternis zu Lichte.
30. Mit dir durchbrech' ich Kriegesschar;
Mit meinem Gott setz ich über Mauer.

8.

31. Er – Gott – sein Weg ist wandellos;
Des Herrn Verheißung rein durchläutert.
Allen die ihm traun, ist er ein Schild.
32. Denn wer ist, außer diesem Herrn ein Gott?
Wer, ohne unsern Gott, ein Hort?
33. Der Gott, der mich mit Kraft ausrüstet,
Der meine Wege ohne Wandel macht;
34. Bald meinen Fuß, dem Hirsche gleich beflügelt;
Bald mich auf meinen Höhen sicher stellt.

9.

35. Er übt zum Kampfe meine Hand,
Lehrt meinen Arm den ehrnen Bogen senken.
36. Zum Schilde gabst du mir dein Heil;
Zur Unterstützung deine Rechte;
Ließest dich herab, mich groß zu machen.
37. Weiterst meine Tritte unter mir,
Daß mein Gelenk nicht kraftlos wird.

10.

38. Nun setz ich meinen Feinden nach und hole sie ein,
Und laß nicht ab, bis ich sie aufgerieben.
39. Ich haue sie nieder – sie kommen nicht auf –
Sie stürzen hin zu meinen Füßen.
40. So hast du mich zum Kampfe gerüstet;
So beugst du meine Widersacher unter mir;
41. So wendest du mir zu des Feindes Nacken,
Und meine Hasser, daß ich sie bändige.

11.

42. Sie flehen – niemand hilft –
Zu Gott empor – der hört sie nicht.

43. Wie Staub im Wind zermalm' ich sie,
Zertrete sie wie Gassenkot.
44. Du schützest mich vor Meuterei;
Machst mich zum Haupt entfernter Reiche;
Mir unbekannte Völker dienen mir,
45. Sind aufs Gericht mir untertan.
Der Barbarn Söhne schmeicheln mir.
46. Die Söhne der Barbarei verschmachten,
Zittern aus ihren Vesten hervor.

12.

47. Ewig lebt der Herr! Preis meinem Horte!
Verherrlichung dem Gotte meines Heils!
48. Dem Gotte, der mir Rache gibt,
Und zwinget Völker unter mir;
49. Der mich vor Feinden schützt;
Mich vor Empörern sichert;
Von jenem ungerechten Manne rettet.
50. Darum dank ich dir, Ewiger! unter den Heiden
Und rühre dir mein Saitenspiel;
51. Dir, der seinem Könige großes Heil beweist;
Der wohltut seinem Gesalbten, David
Und seinem Samen ewiglich.

XIX.

1. Dem Sangmeister, ein Psalm Davids.

2. Die Himmel erzählen die Ehre Gottes;
Seiner Hände Werk verkündet die Veste.
3. Ein Tag strömt es dem andern zu,
Und Nacht gibt diesen Unterricht der Nacht.
4. Keine Lehre, keine Worte,
deren Stimme man nicht höre.
5. Über den ganzen Erdkreis tönet ihre Saite;
Ihr Vortrag dringt so weit, als die bewohnte Welt;
Dorthin, wo er dem Sonnenglanz ein Zelt aufschlug:
6. Er strahlt hervor, gleich einem Bräutigam aus seinem Zimmer,
Und freudig, wie ein Held, durchläuft er seine Bahn.

7. Von jener Himmelsgrenze geht er aus,
Den Kreislauf durch, bis wieder zu ihr hin,
Und nichts bleibt seinem Schein verborgen.
8. Die Lehre Gottes ist vollständig, labt die Seele;
Sein Zeugnis immer treu, macht albern weise.
9. Gerade sind des Herrn Befehle, erfreun das Herz.
Lauter sein Gebot, erleuchtet blöde Augen:
10. Rein ist die Furcht des Ewigen, besteht ewig;
Seine Rechte ewige Wahrheit, allesamt gerecht;
11. Erwünschter noch als Gold und köstlich Erz;
Dem Munde lieblicher als süßer Honigseim.
12. Wohl ist dein Knecht gewarnt durch sie;
Großer Lohn erwartet den, der sie bewahrt.
13. Unwissentliche Fehler, wer bemerket die?
Bewahre mich vor unerkannten Sünden!
14. Entfern mich auch von übermütigen Gedanken,
Daß sie nicht herrschen über mich!
So kann ich von Verbrechen frei, mich der Vollendung nahen:
15. Wohl mögen dir gefallen
Die Reden meines Mundes,
Gedanken meines Herzens,
Dir, Ewiger! mein Hort und mein Erlöser!

XX.

1. Dem Sangmeister, ein Psalm an David.

2. Der Herr erhöret dich zur Zeit der Not;
Der Name des Gottes Jakob schützet dich.
3. Hülfe sendet er dir aus dem Heiligtum;
Unterstützt dich von Zion aus.

4. Deiner Speisegaben Duft,
Deiner ganzen Opfer Asche
Nimmt er an, mit Wohlgefallen.

5. Gewähret, was dein Herz begehrt;
Läßt jeden Anschlag dir gelingen.

6. Denn jauchzen wir, ob deinen Sieg;
Lassen wehen unser Siegspanier,
Im Namen unsres Gottes.
Der Herr erfüllet deine Wünsche alle.

7. Nun merk' ich,
Daß der Herr seinem Gesalbten hilft,
Und ihn erhört
Aus seinem heiligen Wohnsitz,
An der großen Macht
Dieses Wundersieges.

8. Jene mit Wagen und reusigem Zeuge;
Wir in unsres Gottes Namen.
9. Jene stürzen hin, und fallen;
Wir stehn aufgericht und bleiben.

Chor.

10. Ewiger! verleih uns Sieg!
Der König erhöre, wenn wir flehen!

XXI.

1. Dem Sangmeister, ein Psalm an David.

I.

2. Ewiger! deiner Siegesmacht frohlockt der König,
Wie jauchzet er ob deines Triumphs!
3. Seines Herzens Wunsch verliehst du ihm;
Versagtest nicht, was seine Lippen regen.
4. Kamst ihm mit benedeitem Gut zuvor;
Setzest auf sein Haupt das güldne Diadem.

5. Um Leben bat er dich – das gabst du ihm,
Langes Leben Menschenalter durch.

2.

6. Sein Ruhm wird groß, durch deine Hülfe;
Huld und Majestät legst du auf ihn;
7. Setzest ihn zum ewigen Segen ein;
Ergötzest ihn mit Freuden deines Angesichts.
8. Denn auf den Ewigen vertraut der König;
Auf des Höchsten Güte; darum wankt er nie.

3.

9. Deine Hand erreichet alle deine Feinde;
Deine Rechte alle deine Hasser;
10. Zu Feueressen macht dein Zornblick sie.
Der Herr in seinem Grimme vertilgt,
Flamme verzehrt sie.
11. Du rottest ihre Früchte von der Erde
Ihren Samen unter Menschenkindern aus.

4.

12. Denn sie haben Unheil dir bereitet;
Sannen Tücke, vermochten nichts.
13. Nun setzst du sie zu deinem Ziele,
Und richtest auf ihr Antlitz deine Sehnen.
14. Erzeig dich, Ewiger! durch deine Macht erhaben!
Unser Sang und Saitenspiel sind deine Wundertaten.

XXII.

1. Dem Sangmeister auf der Morgenflöte, ein Psalm Davids.

2. Mein Gott! mein Gott! warum verlässest du mich?
Warum sind meine Klagen so fern von Hülfe?
3. Mein Gott! des Tages ruf ich, nichts erwidert;
Des Nachts – nichts stillet meinen Jammer.
4. Aber du, Allerheiligster!
Thronest unter Lobgesängen Israels!

5. Dir vertrauten unsre Väter;
Vertrauten dir, und du halfest aus.
6. Zu dir schrien sie; und fanden Rettung;
Dir vertrauten sie und wurden nicht zu Schanden.
7. Ich bin ein Wurm, kein Mann;
Der Leute Spott, des Volks Verachtung;
8. Die mich sehen, höhnen mich;
Verziehen Lippen, schütteln mit dem Haupte:
9. „Er klag's dem Herrn; der hilft ihm aus;
Der rettet ihn; er ist sein Liebling."
10. Denn du entzogst mich meiner Mutter Schoß;
An ihren Brüsten, warst du meine Zuversicht.
11. Ich fiel auf dich aus Mutterleibe;
Du warst mein Gott, so bald ich ihm entkam.
12. Sei jetzt nicht fern von mir;
Wenn nahe die Angst ist, und niemand helfen mag!
13. Ich bin umringt von großen Farren;
Von Baschans feisten Stieren umkränzt.
14. Sie reißen ihren Rachen auf,
Wie Löwen, erwürgend, brüllend. –
15. Ich bin wie Wasser ausgeschüttet,
Mein Gebein ist aufgelöset,
Mein Herz ist wie zerschmolzen Wachs,
Zergeht in meinem Leibe.
16. Meine Lebenskraft wie Scherben trocken;
Meine Zunge klebt am Gaumen. –
Dies legt mich in des Todes Staub! –
17. Denn Hunde haben mich umringet,
Der Frevler Rotte mich umgeben,
Einem Löwen gleich. Hände, Füße,
18. Alle meine Glieder zähl' ich;
Sie schießen grimm'ge Blick' auf mich.
19. Teilen meine Kleider unter sich;
Und werfen Los um mein Gewand.
20. Aber du, Ewiger! sei nicht fern!
Eile, meine Stärke! mir zu Hülfe!
21. Errette meine Seele vom Schwerte,
Von dem frechen Hunde meine Einsame!
22. Entreiße mich dem Rachen des Löwen,
Den Hörnern wilder Reemim.

23. Denn preis' ich meinen Brüdern deinen Namen,
Und rühme dich in großer Versammlung:
24. „Die ihr den Herrn fürchtet, lobsinget ihm!
Ihn verehre aller Samen Jakobs!
Nachwelt Israels! scheue dich vor ihm!
25. Er hat des Armen Elend
Nicht verachtet, nicht verschmähet:
Hat ihm sein Antlitz nicht verborgen,
Und hörte, da er zu ihm schrie."
26. Dann rühm' ich laut von dir:
„In großer Gemeine
Von seinen Verehrern
Bezahl' ich mein Gelübde.
27. Esset Bedrängten euch satt!
Preiset den Herrn, ihr seine Verehrer!
Auf ewig werd' euer Herz erquickt!" –
28. So werde jeder Erdbewohner
Gottes eingedenk, bekehre sich zu ihm;
Geschlechter der Heiden beten dich an:
29. Denn des Ewigen ist jedes Reich;
Er herrschet unter den Heiden.
30. Die der Erde Mark verzehren,
Beten ihn an.
Die im Staube kriechen,
Dessen Herz der Kummer naget,
Beugen Knie vor ihm.
31. Die Enkel verehren ihn,
Die Nachwelt rühmt vom Herrn.
32. Ein kommendes Geschlecht erzählt
Der Jugend, wie gerecht er ist,
Was Großes er getan.

XXIII.

1. Ein Psalm Davids.

Gott ist mein Hirt, mir wird nichts mangeln.
2. Er lagert mich auf grüne Weide;
Er leitet mich an stillen Bächen:

3. Er labt mein schmachtendes Gemüt,
Und führt mich auf gerechtem Steige,
Zu seines Namens Ruhm. –
4. Und wall' ich auch im Todesschattentale;
So wall' ich ohne Furcht:
Denn du begleitest mich.
Dein Stab und deine Stütze
Sind immerdar mein Trost.
5. Du richtest mir ein Freudenmahl
Im Angesicht der Feinde zu:
Du salbst mein Haupt mit Öle,
Und schenkst mir volle Becher ein.
6. Mir folget Heil und Seligkeit
In diesem Leben nach.
Einst ruh' ich ewge Zeit,
Dort in des Ewgen Haus.

XXIV.

1. Psalm Davids.

Des Ewigen ist die Erde, und was sie füllet;
Welt und Bewohner sind sein.
2. Er hat an Ufern ihren Grund gelegt,
An Strömen sie erbaut;

3. Wer darf den Berg des Herrn besteigen?
Wer seine heilige Stätte betreten?

4. Wer reiner Hände, lautres Herzens ist:
Wer Meineid nie beteuert,
Zum Truge nie geschworen,
5. Empfängt reichen Segen vom Herrn
Gerechten Lohn vom Gotte seines Heils.

6. So ist dieses Geschlecht, das Gott verehret,
Dein Antlitz zu schauen sich sehnt;
So ist Jakobs Geschlecht!

7. Erhebt, ihr Tore! das Haupt!
Erweitert die ewigen Pforten;
Laßt ihn einziehn, den König des Ruhms!
8. Wer ist der König des Ruhms?
Der Herr ist mächtig und siegreich;
Der Herr ist siegreich im Streit.

9. Erhebt ihr Tore! das Haupt!
Erweitert die Ewigen Pforten;
Laßt ihn einziehn, den König des Ruhms!
10. Wer ist der König des Ruhms?
Gott, des Weltalls Herr,
Der ist der König des Ruhmes,
Selah!

XXV.

1. Vom David.

1.

Ewiger! zu dir erheb' ich meine Seele,
2. Mein Gott! ich hoff' auf dich;
Laß mich nicht zu Schanden werden!
Daß Feinde nicht frohlocken über mich.

2.

3. Auch werden, die dein harren, nie zu Schanden.
Treulose nur bestehn mit Schande;
Denn sie verfehlen ihres Zwecks.

3.

4. Herr! mach deine Wege mir bekannt!
Unterrichte mich in deiner Führung!
5. Leite mich in deiner Wahrheit, lehre mich!
Denn du bist meines Heiles Gott:
Unaufhörlich harr' ich dein.

4.

6. Gedenk an deine Huld, o Herr!
An deine Güte, die von je gewesen!
7. Nicht meiner Jugendsünden, der Verbrechen,
Sei meiner eingedenk, nach deiner Gnade,
Um deiner Güte willen, Ewiger!

5.

8. Gütig ist der Ewige, und fromm;
Zeigt Irrenden die rechte Bahn:
9. Unterrichtet Demutsvolle im Gesetz;
Lehrt Demutsvolle seinen Weg.
10. Lauter Güte und Wahrheit ist des Ewigen Führung
Denen, die ihm Bund und Zeugnis halten.

6.

11. Ach Herr! verzeihe meine Missetat
Um deines Namens willen;
Er ist unendlich groß.

7.

12. Ist wo ein Mann der Ehrfurcht hat vor Gott?
Ihm zeigt er selbst den Pfad, den er zu wählen.
13. Im höchsten Gute übernachtet seine Seele,
Sein Same wird das Land besitzen.

8.

14. Des Ewigen Ratschluß ist für seine Verehrer;
Sein Bündnis tut er ihnen kund.

9.

15. Stets schauen meine Augen auf den Ewigen,
Er ziehet aus der Schlinge meinen Fuß.

10.

16. Wende dich zu mir! Sei mir gnädig!
Denn einsam bin ich, und bedrängt.
17. Groß ist meines Herzens Angst:
Führe mich aus meinen Nöten!

11.

18. Sieh mein Leiden, meinen Kummer,
Und vergib mir alle Sünden.
19. Sieh meine Feinde, welche Menge!
Und sie hassen mich, aus Frevel nur.

12.

20. Bewahre meine Seele, rette mich!
Daß ich nicht zu Schanden werde,
Der ich auf dich vertraue.

13.

21. Aufrichtig sein, und grades Wesen
Das behütet mich, wenn ich deiner harre.

Chor.

22. Gott! erlöse Israel.
Aus allen seinen Nöten.

XXVI.

1. Vom David.

Richte mich, o Ewiger! ich wandl' in Unschuld,
Und mein Vertraun ist Gott: ich kann nicht wanken.
2. Prüfe mich, o Herr! versuche mich!
Durchläutre meine Nieren und mein Herz!
3. Denn deine Güte ist vor meinen Augen,
Und ich wandle in deiner Wahrheit;
4. Sitze nicht bei falschen Leuten,
Mit Heuchlern hab' ich nichts zu schaffen.
5. Ich hasse die Zusammenkunft der Bösen;
Meide die Vertraulichkeit der Frevler.
6. Mit Unschuld wasch' ich meine Hände,
Und umgehe deinen Altar, Herr!
7. Anzustimmen laute Dankgesänge;
Zu verkünden deine Wunder alle.

8. Ewiger! ich liebe deiner Wohnung Stätte;
Den Ort, wo deine Ehre thronet.
9. Ah! raffe meine Seele nicht mit Sündern,
Mein Leben nicht mit Blutbegiergen hin;
10. Deren Linke böser Tücke,
Bestechungsvoll die Rechte.
11. Ich aber wandl' in meiner Unschuld.
Erlöse mich, sei mir gnädig!

12. Nun steht mein Fuß auf ebner Bahn;
Nun dank' ich in Chören dem Herrn!

XXVII.

1. Vom David.

Gott ist mein Licht, mein Heil:
Herr! wen sollt' ich fürchten?
Der ist meines Lebens Veste:
Wen könnt' ich scheuen?
2. Wenn Übeltäter an mich wollen,
Nach meinem Fleische gierig,
Die Widersacher, die Verfolger – –
Sie laufen an, und stürzen
3. Leget auch ein Heer sich wider mich –
Mein Herz ist ohne Furcht.
Erhebt sich über mich ein Krieg;
Auch dann bleib' ich getrost.

4. Eins bat ich stets vom Ewigen,
Dies wünsch' ich sehnsuchtsvoll;
Im Hause Gottes zu verweilen,
Die Tage die ich lebe;
Die Schöne Gottes da zu schauen,
Im Tempel aufzuwarten.
5. Er schützt mich unter seinem Obdach,
In unglücksvollen Tagen;
Birgt mich im innersten Gemache,
Setzt mich auf hohen Fels –

6. Und hebt sich einst mein Haupt empor,
Hoch über Feinde umher;
So bring' ich Opfer dar in seinem Zelte
Bei lautem Jubelschall,
Und weih' dem Herrn Gesang und Saitenspiel.

7. Ach Ewiger! erhöre, wenn ich flehe!
Antworte Gnade mir!
8. Mein Herz spricht: es ist ja dein Wort:
„Ihr sollt mein Antlitz suchen!"
Nun such ich sehnsuchtsvoll dein Antlitz, Herr!
9. Verbirg dein Antlitz nicht vor mir!
Verstoß im Zorn nicht deinen Knecht!
Stets warst du Hülfe mir.
Zieh deine Hand nicht von mir ab!
Verlaß mich nicht, Gott meines Heils!
10. Wenn Vater auch und Mutter mich verlassen;
Der Herr nimmt mich doch auf.

11. Herr, unterweise mich in deinem Wege,
Und leite mich in rechter Bahn,
Misgünstigen zum Trotz.
12. Gib mich der Feinde Übermut nicht preis!
Denn falsche Zeugen stehn wider mich.
Die Raubsucht spräche Hohn;
13. Glaubte ich nicht im Lande des Lebens,
Die Seligkeit vom Herrn zu schauen.

14. O! harre nur zum Herrn!
Sei mutig und getrost,
Und harre nur zum Herrn!

XXVIII.

1. Vom David.

Dir ruf ich, Ewiger! mein Hort!
Ach! schweige nicht; denn schweigest du mir:
So gleich ich jenen, die zur Hölle fahren.

2. Vernimm mein Flehen, wenn ich zu dir schreie,
Zu deinem heiligen Chore meine Hand aufhebe.
3. Zeuch mich nicht, mit jenen Verruchten,
Mit jenen Übeltätern, hin!
Friedlich sprechen sie mit ihrem Nächsten,
Und führen Tück' im Herzen.

4. Gib ihnen wieder, nach ihrer Tat;
Nach ihrer bösen Weise!
Gib ihnen Lohn, nach ihren Werken;
Vergelte, wie sie es verdienen!
5. Achten sie nicht auf des Ewigen Taten;
Nicht auf die Werke seiner Hände;
So reiß' er ihre Werke nieder,
Und richte nie sie wieder auf!

6. Dank sei dem Ewigen!
Er hat erhört die Stimme meines Flehens!
7. Der Herr ist meine Kraft, mein Schild.
Ihm vertraut' ich; nun ist mir geholfen:
Darum frohlockt mein Herz,
Und mit meinem Liede dank ich ihm.

8. Der Herr ist seinem Volke Tapferkeit;
Seines Gesalbten Siegeshelm ist Er.

9. Hilf deinem Volke! Segne dein Erbe!
Sei du ihr Hirte, und trage sie in deinem Schoße,
Zur Ewigkeit!

XXIX.

1. Psalm Davids.

Bringet dem Herrn
Söhne der Großen!
Bringet dem Herrn
Ruhm und Triumph!

2. Bringet dem Herrn
Ruhm seines Namens:
Heilig geschmückt
Betet ihn an!
3. Stimme des Herrn
Rollt über Fluten;
Gott der Ehre donnert
Über mächtige Fluten.
4. Stimme des Herrn gewaltig!
Stimme des Herrn erhaben!
5. Stimme des Herrn zersplittert Zedern;
Libanons Zedern zersplittert der Herr.
6. Läßt hüpfen sie, wie mutiges Kalb,
Libanon und Schirion, wie junges Reem.
7. Stimme des Herrn wirft flammenden Blitz;
8. Stimme des Herrn erschüttert die Wüste;
Die Wüste zu Kadesch erschüttert der Herr.
9. Stimme des Herrn regt auf das scheue Gewild;
Entblättert die Wälder:
Aber in seinem Palaste
Spricht alles, *Majestät*!
10. Gott saß zur Sündflut auf dem Throne;
Allein der Herr regieret ewig die Welt.

11. Der Herr gibt seinem Volke Sieg:
Der Herr beglückt sein Volk
Mit seligem Frieden.

XXX.

1. Ein Psalm Davids, bei der Einweihung
des Hauses abzusingen.

2. Ich will dich, Ewiger! erheben,
Daß du mich aus der Tiefe hast gezogen,
Daß meine Feinde sich nicht freuen über mich:
3. Ich flehe zu dir, o Herr! mein Gott!
Du machtest mich wieder gesund:

4. Brachtest meine Seele aus der Unterwelt zurück;
Erhieltest mich, daß ich nicht in der Gruft versank:
5. Die ihr ihn liebet, lobsinget dem Herrn!
Rühmet seinen heiligen Namen!
6. Denn sein Zorn währt einen Augenwink,
Sein Wohlwollen lebenlang:
Des Abends kehrt Betrübnis ein;
Des Morgens Freudenruf.
7. In meinem Glücksstand wähnt ich zwar:
Ich liege nimmermehr darnieder.
8. Allein dein Wohlgefallen, Herr!
Hat meinen Berg nur festgestellt;
Kaum hieltest du dein Angesicht verborgen;
So fuhr ich mit Schrecken dahin.
9. Ich schrie zu dir, o Herr! empor;
Ich flehete den Ewgen an:
10. „Was nützt mein Blut, daß ich soll ins Verderben sinken?
Wird Staub dir danken? Verkünden deine Wahrheit?
11. Erhöre mich, o Herr! erbarm dich mein!
Sei du mein Helfer, Ewiger!"
12. Und du verwandelst in Reigen meine Klage.
Du zogst mir aus mein Trauerkleid,
Umgürtetest mit Freude mich:
13. Daß meine Ehre dir lobsinge,
Und niemals stille werde.
Auch will ich, Ewiger, mein Gott!
Ich will in Ewigkeit dir danken.

XXXI.

1. Dem Sangmeister, ein Psalm Davids.

I.

2. Dir vertrau' ich, Ewiger!
Laß mich nie zu Schanden werden!
Errette mich durch deine Gerechtigkeit!
3. Neige dein Ohr, und hilf mir eilend:
Sei Felsenburg und Veste mir zur Rettung.

4. Ja Fels und Veste bist mir du!
Du wirst mich leiten, wirst mich führen,
Um deines Namens willen.
5. Wirst mich aus diesem Netze ziehen,
Das sie mir heimlich eingelegt,
Denn du bist meine Zuversicht.

2.

6. In deine Hand befehl ich meinen Geist.
Du rettest mich, Herr! Gott der Treue!
7. Ich hasse die auf Aberglauben halten:
Aber mein Vertraun ist Gott!
8. Ich jauchze, freue deiner Güte mich,
Daß du meinen Kummer schauest,
Erkennest meiner Seele Not;
9. Übergibst mich nicht der Hand des Feindes,
Und setzest meinen Fuß in weiten Raum.

3.

10. Sei mir gnädig, Herr! denn mir ist angst,
Mir verfällt vor Harm Gestalt und Geist und Leib.
11. Unter Jammer geht mein Leben hin,
Unter Seufzen meine Jahre hin.
Meine Kräfte schwinden fort in Leiden,
Und meine Gebeine verfallen.
12. Vor vieler Drangsal bin ich Schmach,
Selbst meiner Nachbarn Schmach,
Meiner Verwandten Scheusal;
Wer mich draußen siehet, fliehet mich.
13. Mein ist vergessen,
Wie eines Toten vergessen;
Wie verdorbenes Gerätes.

4.

14. Vieler Schmachred muß ich hören;
Nachstellung um und um.
Man pfleget Rat um mich,
Beschließt das Leben mir zu rauben.
15. Ich aber, Herr! vertrau' auf dich,
Und spreche, du bist ja mein Gott!

16. Mein Schicksal ist in deinen Händen;
Rette mich von Feinden, von Verfolgern!
17. Laß über deinen Knecht, dein Antlitz leuchten.
Hilf mir durch deine Güte,
18. Herr! laß mich nicht zu Schanden werden,
Wenn ich zu dir rufe.
Ruchlose werden nur zu Schanden;
Zur Rast in der Hölle verdammt.

5.

19. Daß sie verstummen, die Lügenmäuler,
Die wider die Unschuld harte Reden,
Stolz und verächtlich, ausstoßen!
20. Wie groß ist jene Seligkeit,
Die du verwahrst, für deine Verehrer!
Die du erzeigst vor Menschenaugen,
Allen, die auf dich vertrauen!
21. Du verbirgst sie heimlich bei dir,
Vor jedermanns Trotz;
Schützest unter deinem Obdach,
Sie vor Zungen der Verleumdung.

6.

22. Dank sei dem Ewigen!
Wunderbar bewies er seine Güte mir,
In der belagerten Stadt.
23. Denn ich sprach in meinem Zagen:
Verworfen bin ich, weg von deinen Augen.
Allein du hörtest meines Flehens Stimme,
Als ich zu dir schrie.

24. Liebet den Ewigen,
Alle seine Freunde!
Die Redlichen schützt er,
Und vergilt in reichem Maße
Dem, der Hochmut übt.
25. Seid mutig und getrostes Sinnes,
Alle die ihr des Ewigen harret!

XXXII.

Vom David, eine Unterweisung.

1. Heil dem, dessen Missetat vergeben,
Dessen Sünde bedeckt ist.
2. Heil dem Manne, dem der Ewige
Kein Vergehn zurechnen darf;
Der sein Gewissen hat befreit.

2.

3. Als ichs verschwieg,
Verschmachteten meine Gebeine,
Vor Angstgeschrei, immerwährend.
4. Schwer lag deine Hand
Tag und Nacht auf mir.
Meine Lebenssäfte schwanden,
In schwülem Sonnenbrande.

3.

5. Darum bekenn' ich meine Sünde dir;
Will mein Vergehen nie verbergen.
Ich sprach: meine Missetat gesteh' ich dem Herrn;
Und du vergabst mir meiner Sünden Schuld.

4.

6. Hierum hat jeder Fromme dir,
Zur Gnadenzeit, zu flehen.
Dann mögen große Fluten überschwemmen;
An ihn gelangen sie nicht.
7. Du bist mein Schirm;
Bewahrest mich vor Angst;
Umgibst mich um und um,
Mit frohlockenden Gesängen.

5.

8. Wohlan! ich will dich unterweisen,
Den Weg dir zeigen, den du wandeln sollst:
Ich rate dir, mein Auge schaut auf dich!

9. Sei nicht wie Maul und Roß,
Dem, ohne Vernunft,
Riem und Stachel zähmt das stolze Gebiß;
Sonst schadet es dir.
10. Viel Plagen warten des Verruchten;
Wer aber auf den Ewgen hoffet,
Den umfahet Güte um und um.

Chor.

11. Freuet euch des Herrn!
Frohlocket ihr Gerechten!
Jauchzet, die ihr grades Herzens seid!

XXXIII.

1.

1. Frohlocket, Gerechten! Frohlockt im Ewigen!
Lobpreis geziemet nur Redlichgesinnten:
2. Dankt dem Herrn, mit Harfenklang!
Schlaget Zehnsaitenpsalter Ihm an!
3. Singet ihm ein nie gehörtes Lied!
Rührt beim Jubelgesang eu'r bestes Saitenspiel!

4. Denn redlich ist des Ewigen Verheißung,
Und all' sein Tun treuerfüllt.
5. Er liebet Billigkeit und Recht:
Die Erde ist voll des Ewgen Güte.

2.

6. Die Himmel entstanden durch des Ewgen Wort,
Durch seines Mundes Hauch ihre Heere alle:
7. Er türmet Meereswogen, wie Mauer;
Verwahrt in Tiefen den Abgrund:
8. Den Ewgen fürchte alle Welt;
Vor ihm scheue sich jeder Erdbewohner.
9. Denn so er spricht, geschiehets;
Gebeut, stehts da!

3.

10. Der Herr zerstört der Heiden Ratschluß,
Vereitelt der Völker Entwürfe:
11. Aber ewig besteht des Ewgen Ratschluß,
Entwürfe seines Herzens für und für.
12. Heil dem Staate, dessen Gott er ist, der Ewige!
Dem Volke, das er sich zum Eigentum erkoren!

4.

13. Vom Himmel sieht der Ewige herab;
Blickt auf alle Menschenkinder;
14. Beschauet alle Erdbewohner,
Von seinem festen Thronsitz.
15. Er, der ihre Herzen samt gebildet,
Bemerkt auch all' ihr Tun.

5.

16. Der König sieget nicht durch Heeresmacht;
Helden rettet keine große Kraft.
17. Trüglich ist das Roß zum Siege;
Alle Heereskraft zur Rettung.
18. Sieh! des Ewgen Auge schaut auf seine Verehrer,
Die seiner Güte allein vertraun;
19. Daß er von Todesfährlichkeit sie rette,
Sie erhalte in der Teurung Not.

6.

Chor.

20. Unsre Seele harret auf den Herrn;
Unsre Hülfe, unser Schild ist er;
21. Sein erfreuet sich unser Herz;
Denn wir vertrauen seinem heilgen Namen.
22. Deine Güte, Ewiger!
Walte über uns,
Wie wir auf dich harren.

XXXIV.

1. Von David, als er seinen Verstand verleugnete
vor Abimelech, daß er ihn von sich trieb, und er entkam.

1.

2. Lobpreisen werd' ich alle Zeit den Ewigen;
Sein Lob bleibt immerdar in meinem Munde:

2.

3. Meine Seele rühmet sich des Ewigen,
Daß die Bedrängten hören, und sich freun.

3.

4. Preist mit mir des Ewgen Größe!
Laßt uns zusammen seinen Namen ehren!

4.

5. Da ich den Herrn suchte, antwortete er mir;
Und rettete mich aus aller meiner Furcht.

5.

6. Die auf ihn hinschauen, glänzen freudenvoll,
Nie wird ihr Angesicht zu Schanden.

6.

7. Dieser Bedrängte rief, der Herr vernahms,
Und half aus allen Nöten ihm.

7.

8. Des Ewgen Engel lagern sich umher,
Um seine Verehrer, und erretten sie.

8.

9. Versuchet, schaut, wie gut er ist, der Ewige!
Heil dem Manne, der auf ihn vertrauet!

9.

10. Verehrt den Herrn, ihr seine Heiligen!
Keinen Mangel haben seine Verehrer.

10.

11. Junge Löwen darben, hungern;
Dem Gottesehrer fehlt kein Gut.

11.

12. Kommt Kinder! hört mir zu!
Ich lehr' euch Gottesfurcht.

12.

13. Wer ist der Mann, der Lust zum Leben hat?
Im Alter gerne glücklich ist?

13.

14. Bewahr vor Bösem deine Zunge,
Deine Lippen vor Betrüglichreden.

14.

15. Weich vom Bösen, tue Gutes!
Suche Frieden, lauf ihm nach!

15.

16. Auf Gerechten merken die Augen des Herrn;
Auf ihr Flehen seine Ohren.

16.

17. Sein Zornblick trifft die Übeltäter;
Vertilgt ihr Angedenken von der Erde;

17.

18. Wenn jene schrein, so hörts der Herr,
Und rettet sie aus aller Not.

18.

19. Zerbrochnen Herzen ist der Ewge nahe;
Und hilft zerschlagenen Gemütern:

19.

20. Viel Leiden hat oft der Gerechte;
Doch rettet ihn der Herr aus allen;

20.

21. Bewahret alle sein Gebein;
Nicht eines wird versehrt davon.

21.

22. Das Laster bringt den Frevelhaften um;
Verdammnis trifft die Feinde des Gerechten.

22.

23. Der Herr erlöst die Seele seiner Knechte;
Die ihm vertrauen, werden nie verdammt.

XXXV.

1. Vom David.

1.

Hadre, Herr! mit meinen Hadrern;
Bekämpfe sie, die mich bekämpfen.
2. Ergreife Schild und Tartsche,
Und mach dich auf zur Hülfe mir,
3. Und zück' die Lanz' und schleudre sie
Gegen die Verfolger hin,
Und rufe meiner Seele zu:
„Ich bin deine Hülfe!"
4. Daß sich schämen und erröten,
Die nach meinem Leben stehn;
Daß verhöhnt zurücke weichen,
Die auf mein Unheil sinnen.
5. Sei seien, wie Spreu vor Wind,
Ein Engel des Herrn verweht es.
6. Ihr Weg sei düster und schlüpfrig,
Ein Engel des Herrn verfolg' sie.

2.

7. Denn unverschuldet stellen sie
Mir das Verderben ihrer Netze;
Unverschuldet graben sie mir Fallen.

8. So treff' ihn unvermerkt der Untergang!
Sein Netz, das er verbarg, bestrick ihn selbst;
Daß er zum Untergange stürze!
9. Aber meine Seele freue sich des Herrn,
Frohlocke über seine Güte;
10. Es spreche jedes Glied an mir;
O, Ewiger! wer ist wie du?
Wer rettet so von Übermacht den Schwächern;
Den Hülfbedürftigen von seinem Räuber?

3.

11. Es treten frevle Zeugen auf;
Und zeihen mich, des mir nicht kund:
12. Vergelten Arges mir um Gutes;
Tun meiner Seele Herzeleid. –
13. Denn ich – bei ihrem Leiden
War mein Gewand ein Trauersack:
Ich härmte mich mit Fasten ab,
Und senkte mein Gebet in meinen Schoß;
14. Als wär' es Freund und Bruder mir, so ging ich hin,
Betrübt und eingebückt, wie bei der Mutter Tod.
15. Und nun frohlocken sie bei meinem Falle; rotten sich,
Und rotten Buben um mich her, die ich nicht kenne,
Und reißen ohne Unterlaß;
16. Knirschen Zähne über mich;
Mit heuchlerischem Lächeln
Des mundverzerrenden Gespöttes.
17. Ach, Herr! wie lange siehest du zu?
Beschütze meine Seele vor ihrem Übermut;
Meine Einsame vor Löwengrimm!
18. So will ich dir danken in großer Gemeine;
In Volksversammlung dich rühmen.

4.

19. Laß sich nicht freuen über mich,
Die unverdient mir Feinde sind;
Noch Hohn mit Augen winken,
Die mich unverschuldet hassen.
20. Unfried ist, was sie beginnen,
Und suchen bösen Trug
Wider die Stillen im Lande.

21. Sperren ihren Mund auf gegen mich,
Rufen: da! da! so sehn wirs gerne!
22. Ewiger! du siehest es, schweige nicht!
Herr! sei nicht fern von mir!
23. Ermuntre dich, und wache für mein Recht,
Mein Gott und Herr! für meine Sache!

5.

24. Richte mich, o Herr, mein Gott! nach deiner Billigkeit,
Daß sie sich über mich nicht freun;
25. Damit sie nicht im Herzen sprechen:
Ha! so wars erwünscht!
Wir haben ihn verschlungen!
26. Sich schämen und erröten müssen,
Die sich meines Unglücks freun;
In Schand und Scham sich hüllen,
Die über mich stolzieren.
27. Aber die mein Recht mir gönnen,
Müssen jauchzen und frohlocken;
Müssen immer singen: „Hochgelobt sei Gott,
Der wohlwill seinem Knechte!“
28. Und meine Zunge preiset deine Großmut,
Verkündet deinen Ruhm den ganzen Tag.

XXXVI.

1. Dem Sangmeister, von David, dem Verehrer des Ewigen.

1.

2. Das Laster predigt selbst dem Frevler,
(So denk ich mir im Herzen:)
Furcht Gottes sei vor deinen Augen nie!
3. Doch heuchelt er mit falschen Blicken ihm,
Zur Freveltat, zu Menschenhasse,
Sich Beistand zu erflehn.
4. Seine Rede ist Tück und Falschheit;
Vernunft und Tugend fern von ihm.

5. Auf seinem Lager heckt er Arglist;
Wandelt stets den Weg der Bosheit;
Scheut keine böse Tat.

2.

6. Herr! deine Güte reicht bis in die Himmel!
Deine Treu, so hoch die Wolken gehn!
7. Dein Recht, wie Gottes Gebirge!
Dein Ratschluß – unabsehbare Tiefe!
Du hilfst dem Menschen, hilfst dem Viehe, Herr!

3.

8. Wie köstlich, Gott! ist deine Güte!
Du schützest Menschenkinder im Schatten deiner Flügel;
9. Labest sie vom Segenmahle deines Hauses;
Tränkst vom Strome deiner Wollust sie!
10. Denn Lebensurquell' ist bei dir,
In deinem Lichte schau'n wir Licht.

4.

11. Laß deine Güte strömen
Über deine Verehrer;
Dein Wohltun über die,
Die grades Herzens sind!
12. Laß mich des Hochmuts Fuß nicht untertreten;
Die Hand der Frevler mich nicht stürzen! –
13. Dort sinken sie hin, – die Übeltäter!
Gestürzt! nie kommen sie auf!

XXXVII.

1. Vom David.

1.

Sei auf der Bösen Glück nicht eifersüchtig;
Beneide Unrechttäter nicht.
2. Bald abgehauen werden sie, wie Gras;
Und welken hin, wie grünes Feldgewächs.

2.

3. Vertrau dem Herren; tue Gutes!
Bleib' im Lande; weide dich mit Redlichkeit!
4. So wirst du Wollust an dem Ewgen haben,
Und er bescheidet, was dein Herz begehrt.

3.

5. Befiehl dem Ewgen deine Wege;
Vertrau auf ihn, daß ers vollbringe.
6. Er führt dein Recht hinaus, wie Sonnenlicht,
Und deine Unschuld, wie den heitern Tag.

4.

7. Sei dem Herrn getrostes Muts!
Harre mit Geduld auf ihn!
Nicht eifersüchtig auf den Glücklichen,
Der Übermut vollbringet!

5.

8. Steh ab von Zorn, laß den Grimm!
Ereifre dich nicht über Glück zum Bösen!
9. Denn ausgerottet werden Übeltäter,
Und die dem Herrn vertrauen, bleiben.

6.

10. Noch um ein Kleines – hin ist der Verruchte!
Du siehst nach seiner Stätte, – er ist nicht mehr!
11. Aber Demutsvolle erben Land und Gut;
Unendlich groß ist ihre Seligkeit.

7.

12. Der Frevler drohet dem Gerechten,
Und knirschet Zähne über ihn;
13. Der Herr verspottet ihn;
Er siehet seinen Tag sich nahen.

8.

14. Gottlose zücken Schwerter, spannen Bogen,
Zu fällen Arme und Bedrängte;
Die Redlichwandelnden zu würgen.

15. Jedoch ihr Schwert dringt in ihr eignes Herz;
Zu Trümmern splittern ihre Bogen.

9.

16. Mehr frommt das Winzige, das ein Gerechter hat,
Denn mancher Frevler großes Gut.
17. Denn zerbrochen wird der Frevler Arm;
Aber die Gerechten unterstützt der Herr!

10.

18. Der Ewige segnet der Frommen Tage;
Ihr Erbe bleibet ewiglich.
19. Die Hoffnung trügt sie nicht, zur bösen Zeit;
Sie haben satt in Hungersnot.

11.

20. Umkommen müssen alle Übeltäter.
Feinde Gottes, sind wie Fett der Widder;
Vergehn im Rauch – vergehn!

12.

21. Gottlose borgen, und bezahlen nicht;
Mildtätig ist der Fromme, teilet aus.
22. Die er segnet, erben Land und Gut;
Die er verfluchet, werden ausgerottet.

13.

23. Solches Mannes Gang wird vom Herrn gefördert:
Er hat an seinem Wege Wohlgefallen.
24. Und wankt er auch; so stürzt er nicht;
Der Herr erhält ihn bei der Hand.

14.

25. Ich war ein Jüngling, ward ein Greis,
Noch sah ich nie den Redlichen verlassen,
Und seinen Samen gehn nach Brot.
26. Er ist immer milde, leihet gerne,
Und seine Kinder haben reichen Segen.

15.

27. Dem Laster gram, der Tugend hold; so bleibst du immer.
28. Denn der Ewige liebt das Recht;
Verlässet seine Freunde nicht.
Sie werden ewiglich bewahrt;
Der Frevler Samen ausgerottet

16.

29. Die Gerechten erben Land und Gut,
Werden immer darin wohnen.

17.

30. Weisheit spricht des Frommen Mund;
Seine Zunge lehrt Gerechtigkeit.
31. Seines Gottes Lehre wohnt in seinem Herzen;
Seine Tritte wanken nie.

18.

32. Zwar laurt der Frevler auf den Frommen
Begierig ihn zu würgen.
33. Doch überläßt ihn Gott nicht seinen Händen,
Verurteilt ihn nicht, wenn er richtet.

19.

34. Vertrau dem Herrn, halte sein Gesetz!
Er hebet dich empor, daß du Land besitzest,
Und siehst Gottlose untergehn.

20.

35. Einst sah ich einen Bösewicht – der war mächtig!
Wuchs empor, wie heimisch Laub.
36. Man ging vorüber – er war nicht mehr!
Ich fragte nach ihm, fand ihn nicht.

21.

37. Bemerk die Redlichkeit, gib auf die Unschuld acht;
Am Ende bringt sie Seligkeit zum Lohne.
38. Die Übertreter aber werden samt vertilget,
Ausrottung ist der Frevler Lohn.

22.

39. Der Herr ist der Gerechten Hülfe,
Ihre Schutzwehr in der Not.
40. Der Ewige steht ihnen bei,
Und rettet sie;
Errettet sie von Frevelhaften,
Hilft ihnen aus;
Denn sie vertrauen auf ihn!

XXXVIII.

1. Ein Psalm Davids, beim Opferdufte.

2. Herr! straf mich nicht in deinem Zorne;
Züchtige mich in deinem Grimme nicht!
3. Denn deine Pfeile dringen in mich ein;
Schwer ist deine Hand auf mich gesenkt.
4. Nichts Gesundes ist an meinem Leibe, vor deinem Dräun;
Unter meinen Gliedern keine Eintracht, vor meiner
Sünde.
5. Es steigen mir die Missetaten über Haupt;
Sind mir zu schwer, wie ungeheure Last.
6. Gestank und Eiter fließt aus meinen Wunden,
Den Wunden meiner Unvernunft.
7. Ich bin gekrümmt und tief gebeugt,
Umhüllt mit düsterem Gewand.
8. Die Hüften sind mir voll Verwesung;
An meinem Leib' ist nichts Gesundes.
9. Ich schmachte kraftlos, ganz zermalmt;
Meines Herzens Unruhe bricht aus in Angstgeschrei:
10. (Ach Herr! meine Sehnsucht alle liegt vor dir;
Mein Seufzen ist dir nicht verborgen.)
11. Mir taumelt das Herz, die Kraft verläßt mich;
Und meiner Augen Licht – auch dieses ist gewichen.
12. Freund und Lieber steht meiner Plage gegen über;
Selbst meine Nächsten treten ferne.
13. Und die mir nach dem Leben stehn, legen Schlingen;
Die mein Unglück wollen, drohen Untergang;
Sinnen unaufhörlich Hinterlist.

14. Ich aber muß nicht hören, gleich einem Tauben;
Einem Stummen, der nicht auftut seinen Mund;
15. Bin, wie ein Mensch, der nichts versteht;
Und keine Widerred' im Munde führt.
16. Denn ich flehe, Ewiger! zu dir;
Erwidre du, mein Herr! mein Gott!
17. So ich rede: frohlocken sie nur über mich.
Sie überheben sich, wenn meine Füße wanken.
18. Denn ich bin gemacht zum Leiden;
Stets ist die Plage mir vor Augen.
19. Ich bekenne meine Missetat.
Meine Sünde macht mir Kummer.
20. Aber meine Feinde leben, und sind mächtig;
Die mich unbillig hassen, werden groß.
21. Die um Gutes Arges tun,
Mir Feinde sind, für mein Bestreben wohl zu tun.
22. Verlaß mich nicht, o Ewiger!
Mein Gott! entfern dich nicht von mir!
23. Eile mir zur Hülfe,
Herr, mein Retter!

XXXIX.

1. Dem Sangmeister Jeduthun. Ein Psalm Davids.

2. Mein Vorsatz ist, ich will mich hüten,
Daß ich nicht sündige mit meiner Zunge.
Ich will bezähmen meinen Mund,
Da ich den Bösewicht so glücklich sehen muß.
3. Kein Wort von Seelenruh!
Ich schweige von Glückseligkeit. –
Allein der Gram tobt innerlich.
4. Ha! wie glüht das Herz mir in der Brust!
Die Flamme lodert auf in Worte,
Bricht über meine Zunge aus. –
5. Ach Herr! laß mich mein Ziel bemerken;
Meiner Tage Maß, wie gering es sei;
Daß ich erkenne, wie ich vergänglich bin!

6. Mit Spannen hast du mir die Tage zugemessen.
Mein höchstes Alter ist vor dir ein Nichts.
Ach! wie lauter Nichtigkeit sind alle Menschen!
Fest steht diese Wahrheit!
7. Ach! eiteln Schemen folgen wir;
Machen viel Geräusch um Tand;
Sammlen ein, wer weiß wers haben soll?
8. Und nun, wes soll ich mich nun trösten, Herr!
Meine Hoffnung geht allein auf dich!
9. Befrei mich nur von meiner Missetat!
Und laß mich nicht ein Spott der Toren sein!
10. Gern verstumm' ich, öffne meinen Mund nicht;
Denn Du tust es ja –
11. Wende deine Geißel nur von mir!
Ich vergehe, durch die Strenge deiner Hand.
12. Wenn du, zur Buße für die Sünde,
Den Erdbewohner züchtigest;
So schwindet seine Schöne hin, der Motte gleich.
Ach wie gar nichts ist doch der Mensch!
13. Ewiger! höre mein Gebet, vernimm mein Schrein!
Und schweige nicht zu meinen Tränen!
Ich bin ein Pilgrim ja bei dir,
Ein aufgenommner Fremdling, wie meine Väter alle.
14. Laß ab von mir, auf daß ich mich erquicke;
Bevor ich geh, und nicht mehr hier sei!

XL.

1. Dem Vorsänger, ein Psalm Davids.

I.

2. Gehofft' hab' ich zum Ewigen;
Er neiget sich zu mir,
Erhört mein Schrein.
3. Zieht mich herauf aus Mördergrube,
Aus sumpfigt zähem Schlamme;
Setzt auf Felsen meine Füße,
Macht meine Tritte fest.

4. Und legt ein neues Lied mir in den Mund,
Ein Lob auf unsern Gott.
Viele sehens, verehren ihn;
Vertrauen auf den Ewigen.
5. Wohl dem, der auf den Ewigen
Sein Vertrauen setzt,
Und sich nicht kehrt an Hoffarts Pracht,
Nicht an verführerischen Trug.

2.

6. Groß sind, o du Ewiger! mein Gott!
Die Wunder, die Gedanken,
Die du an uns bewiesen hast.
(Nichts kommt in Vergleich mit dir!)
Sie verkünden, von ihnen singen will ich;
Zu zählen sind sie nicht.
7. Dir gefällt nicht Opfer, nicht Geschenk;
(Ohren hast du mir gebohrt.)
Brand und Sündenopfer heischest du nicht.
8. Da beschloß ich, – komme itzt,
Die Bücherrolle in der Hand,
Beschrieben mit des Dankes Pflicht.
9. Gern tu' ich deinen Willen, Gott!
Habe dein Gesetz im Herzen.

3.

10. Wohltätigkeit will ich verkünden,
In großer Volksversammlung.
Meinen Mund verschließ ich nicht;
(Dir, Ewiger! ist es bekannt!)
11. Deine Huld verberg' ich nicht im Herzen;
Ich preise deine Treue, deine Hülfe;
Verhehle deine Lieb' und Wahrheit nicht,
Der großen Volksversammlung.
12. Du Herr! entziehe mir auch dein Erbarmen nicht!
Stets bewahre mich deine Liebe, deine Wahrheit!
13. Denn Leiden ohne Zahl umgeben mich;
Meine Sünden haben mich ergriffen.
Ich wage nicht, sie anzublicken;
Mehr als Haare meines Haupts ist ihrer,
Mich verlassen die Gedanken.

4.

14. Laß dirs gefallen, Herr! mich zu erretten!
Eile mir zu helfen, Ewiger!
15. Erröten müssen sie, zu Schanden werden,
Die mir nach dem Leben stehn;
Zurückbeben, und sich schämen,
Die sich meines Unglücks freun!
16. Erstarren müssen sie vor Schmach,
Die mir zuriefen, da! da!
17. Frohlocken über dich, und jauchzen,
Alle, die dich suchen;
Die deine Hülfe wünschen, immer rufen:
Groß ist der Ewige!

5.

18. Bedrängt und elend bin ich zwar:
Gott aber sorgt für mich.
Mein Helfer bist du, mein Erretter!
Mein Gott! verziehe nicht!

XLI.

1. Dem Sangmeister, ein Psalm Davids.

1.

2. Wohl dem, der für den Armen sorgt!
Zur Unglückszeit errettet ihn der Herr.
3. Der Ewige schützt ihn, bewahrt sein Leben;
Glückselig wird er sein im Lande.
Du übergibst ihn nicht dem Übermut der Feinde! –
4. Der Ewige stützet ihn auf siecher Lagersätte!
Er wendet ihm das Bett in seiner Krankheit um.

2.

5. Ich flehe, Ewiger! sei mir gnädig!
Heile meine Seele, denn dir hab' ich gesündiget.
6. Meine Feinde reden Arges über mich.
„Wenn stirbt er hin? Wenn geht sein Name unter?"

7. Wer kömmt, geht nur auf Kundschaft aus.
Verleumdung, spricht sein Herz; Er sammlet Lügen,
Geht hinweg, breitet sie aus.

3.

8. Alle die mich hassen, raunen wider mich
Sich einander zu; hegen Arges wider mich:
9. „Abscheuliche Seuche über ihn!
Da liegt er, nie komme er wieder auf!"
10. Selbst mein trauter Freund, auf den ich mich verließ,
Der sonst mein Brot aß,
Hebt gegen mich den Fuß empor.

4.

11. Du aber, Herr! sei mir gnädig!
Hilf mir auf, ich vergelte ihnen.
12. Daran merke ich, daß ich dir gefalle,
Wenn über mich der Feind nicht jauchzet.
13. Ich wandle fort in Unschuld, du erhältst
Und richtest ewiglich mich auf,
Vor deinem Angesichte.
14. Lob sei dem Ewigen,
Dem Gotte Israels,
Von Ewigkeit in Ewigkeit.
Amen, Amen.

Zweites Buch

XLII.

1. Dem Sangmeister, eine Unterweisung von den Söhnen Korachs.

2. So wie der Hirsch nach frischen Quellen schmachtet:
So schmachtet meine Seele, Gott! nach dir.
3. Meine Seele lechzt nach Gott, des Lebens Quelle.
Wenn werd' ich wieder hingehn, wieder mich vor Gottes Antlitz zeigen?
4. Meine Tränen werden mir Tag und Nacht zur Speise,
Da mich Feinde täglich fragen: wo ist nun dein Gott?
5. Über mich ergeußt sich meine Seele, wenn ich denke,
Wie ich mit Gefolg hinauf in Gottes Tempel wallte;
Mit Dank und Freudengesängen, unter der feirenden Menge.
6. Seele, was betrübst du dich?
Warum ist dir so bang in mir?
Harre nur zu Gott!
Ihm werd ich einst noch danken
Für seines Angesichtes Heil.
7. Betrübt ist meine Seel' in mir, o Gott!
Wenn ich hier an dich gedenke, hier an Jordans Ufern,
Am Gebirge Hermon; winziges Gebirge!
8. Abgrund ruft dem Abgrund zu; deine Wasserfälle brausen;
Deine Wellen, deine Fluten alle stürzen über mich.
9. Des Tages befiehlt der Herr seine Gnade über mich;
Und nachts bleibt noch sein Lied bei mir,
Ein Gebet zum Gotte meines Lebens.
10. Zu Gott ruf' ich; mein Schutz! warum vergissest du mein?
Warum muß ich betrübt, gedrängt vom Feinde wandern?
11. Ach es zerschmettert mein Gebein, wenn die Widersacher höhnen,
Wenn sie unaufhörlich fragen: wo ist nun dein Gott?
12. Seele, was betrübst du dich?
Warum ist dir so bang in mir?
Harre nur zu Gott!
Ihm werd' ich einst noch danken;
Ihm, meinem Gotte,
Meines Angesichtes Heil.

XLIII.

1. Gott, richte mich, und führe meine Sache wider das lieblose Volk;
Rette mich von jenem falschen, ungerechten Mann!
2. Denn du bist meine Zuversicht. Warum verlässest du mich?
Warum muß ich betrübt, gedrängt von Feinden wandern?
Ach sende mir dein Licht, deine Wahrheit!
3. Laß diese mich zu deinem heilgen Berge
Zu deiner Wohnung wieder führen.
4. Daß ich zum Altare Gottes walle,
Zu Gott, der Freude meines Jauchzens.
Daß ich meinem Gotte wieder auf der Harfe danke!
5. Seele, was betrübst du dich?
Warum ist dir so bang in mir?
Harre nur zu Gott!
Ihm werd' ich einst noch danken,
Ihm, meinem Gotte,
Meines Angesichtes Heil.

XLIV.

1. Dem Sangmeister, von den Söhnen Korachs.
Eine Unterweisung.

I.

2. Gott! mit unsern Ohren hören wir;
Uns erzählen unsre Väter,
Taten, die du ausgeführt, in ihrer Zeit,
In Tagen jenes Altertums.
3. Du selbst, mit deiner Hand, hast Völker verjagt, sie eingepflanzt;
Nationen verderbt, sie ausgebreitet.
4. Nicht mir ihrem Schwert' erwarben sie Land,
Ihr Arm gab ihnen nicht Sieg.
Deine Rechte, dein Arm, das Licht nur deines Angesichts;
Denn du hattest Wohlgefallen an ihnen.
5. Du bist derselbe noch, mein König! Gott!
Ach! verordne Hülfe für Jakob!

6. Daß wir niederstoßen unsern Feind, durch dich;
Auf unsre Widersacher treten in deinem Namen.
7. Denn ich verlasse mich auf meinen Bogen nicht,
Mein Arm kann mir den Sieg nicht geben.
8. Nur du errettest uns von Feinden,
Machst zu Schanden, die uns hassen.
9. Dann rühmen wir uns täglich unsers Gottes,
Und danken deinem Namen ewiglich.

2.

10. Zwar itzt verwirfst, beschämst du uns.
Und zeuchst nicht aus mit unserm Heere;
11. Wendest uns vom Feind zurück,
Daß unsre Hasser Beute holen.
12. Gibst uns hin, wie Speiselämmer;
Streust uns unter Heiden aus.
13. Verkaufst dein Volk für geringen Preis,
Erwirbest nicht für ihren Wert.
14. Machst uns unsern Nachbarn zur Verachtung,
Angrenzenden zu Schmach und Hohn.
15. Machst uns zum Spottlied unter Heiden,
Barbarn schütteln über uns das Haupt.
16. Da steht nun täglich meine Schmach vor Augen,
Und Scham verhüllt mein Angesicht,
17. Vor Schänder und Lästrer lauter Stimme,
Vor Feind und Rachbegierigem.

3.

18. Dies alles ist uns überkommen;
Doch haben wir nicht dein vergessen,
Sind deinem Bund nicht falsch geworden.
19. Noch ist unser Herz nicht abgefallen,
Daß unser Gang von deinem Pfad gewichen.
20. Da du uns hingestoßen in der Drachen Wohnung,
Und uns bedeckst mit Todesschatten.
21. Hätten wir unsers Gottes Namen vergessen,
Einem fremden Gotte Hände gefaltet:
22. Würde das nicht Gott erforschen?
Er kennet ja der Herzen Heimlichkeit.

23. Aber täglich würgt man uns, nur deinetwegen,
Und achtet uns, wie Schafe, zum Schlachten bestimmt.
24. Ermuntre dich, was schläfst du, Herr!
Erwache! verstoß uns nicht so gar!
25. Warum verbirgst du dein Antlitz,
Vergissest unsres Elends, unsres Drucks?
26. Schon ist unsere Seele bis zum Staub gebeugt,
Unser Leib klebt an der Erde.
27. Auf! o du unsre Hülfe!
Rette uns, um deiner Güte willen!

XLV.

1. Dem Sangmeister auf Schoschanim, von den Söhnen Korachs, eine Unterweisung und Liebesgesang.

2. Mein Geist beginnt erhabne Lieder.
Monarch! dir weih' ich mein Gedicht,
Dir meine Zunge, meinen Meistergriffel.

3. Du bist der Schönste unter Menschenkindern.
Um deine Lippen fleußt Holdseligkeit;
Dich hat auf ewig Gott gesegnet.
4. O Held! gürt an das Schwert an deine Hüfte!
Dies ist dein Schmuck, die Majestät!
5. Die Majestät! – so zeuch dahin! es glückt!
Zum Schutz der Wahrheit, der geplagten Unschuld;
Sie wird dich Wunder lehren, deine Rechte.
6. Wie scharf ist dein Geschoß!
Hinstürzen Völker unter dir!
Es trifft ins Herz der Königsfeinde.
7. Dein Thron wird ewig stehn vor Gott.
Gerechtes Zepter ist das Zepter deines Reichs.
8. Du liebst Tugend, hassest Frevel;
Drum salbet Gott dich mehr als andre Fürsten,
Dein Gott mit Freudenöl.
9. Von Aloe und Myrrhen duftet dein Gewand,
Aus helfenbeinen Zimmern dir zur Wonne.

10. Des Festes Feier schmücken Fürstentöchter.
Zu deiner Rechten strahlt die Liebe
In Ophirs Goldgeschmeide.
11. Prinzessin, höre, gönne mir dein Ohr!
Vergiß dein Volk und deines Vaters Haus;
12. So wird der König Lust an deiner Schöne haben.
Er ist dein Herr! Du, neige dich vor ihm!
13. Dir bringt die Tochter Zur Geschenke;
Des Volkes Reichen flehn um deine Gunst.
14. Im Frauenzimmer glänzt das Brautgeschmeid,
Die Feierkleidung goldgestickt.
15. Sie wallt in künstlichem Gewebe,
Dem Fürsten zugeführt. Ihr treten nach
Jungfräulich die Gespielinnen, dir zugeführt.*
16. Sie wallen frohlockend und freudig,
Hinauf in des Königs Palast.
17. O daß an deiner Ahnen Statt,
Einst deine Kinder werden
Des Reichs Beherrscher, eingesetzt von dir!

18. Ein Denkmal will ich deinem Namen stiften;
Von Kind zu Kindeskind.
Dich soll die Nachwelt glücklich preisen.

XLVI.

1. Dem Sangmeister, von den Söhnen Korachs,
ein Gesang auf Alamoth.

2. Gott ist unsere Zuversicht und Stärke;
In der Not ein Helfer, leicht zu finden.
3. Darum fürchten wir uns nicht, wenn gleich der Erdball
wanket,
Gebirg, ins Weltmeer stürzen.
4. Seine Fluten brausen, stürmen,
Daß Berge vom Ungestüm erbeben;

* Vollkommen ähnlich mit diesem Aufzuge ist die Beschreibung im Zendavest, Th.14, S.228.

5. Jenes Stromes Bächlein, sie erquicken dennoch
Gottes Stadt, des Höchsten heil'gen Wohnsitz.
6. Gott thront in ihr, sie kann nicht untergehn.
Gott steht ihr bei, wenn sich ihr Morgen wendet.
7. Heiden beben, Reiche fallen;
Er donnert, der Erdball vergeht.
8. Der Herr Zebaoth ist mit uns;
Jakobs Gott ist unsre Veste, Selah!
9. Gehet, schauet die Werke des Herrn,
Der auf dem Erdkreis solch Umwälzung schafft!
10. Wie mächtig er dem Kriege steuert in aller Welt!
Bogen zertrümmert, Spieße zerschlägt, Wagen
verbrennet!
11. „Laßt ab! erkennet daß ich Gott bin!
Über Völker erhaben, über den Erdkreis erhaben!"

Chor.

12. Der Herr Zebaoth ist mit uns;
Jakobs Gott ist unsre Veste, Selah!

XLVII.

1. Dem Sangmeister. Ein Psalm von den Söhnen Korachs.

2. Alle Völker frohlocket mit Händen!
Jauchzet Gotte mit fröhlichem Schalle!
3. Denn der Herr, der Höchste, Ehrfurchtwürdigste,
Ist großer König auf dem ganzen Erdreich;
4. Zwinget Völker unter uns;
Nationen unter unsre Füße.
5. Wählt uns unser Erbteil:
Jakobs Herrlichkeit, von ihm geliebt.
6. Gott fährt empor unterm Jauchzen;
Der Ewige unter heller Posaune.
7. Lobsinget Gotte, lobsinget!
Lobsinget unserm Könige, lobsinget!

8. Denn Gott ist auf dem ganzen Erdreich König;
Rührt das Saitenspiel zum Unterweisungslied.
9. Gott ist König über die Heiden;
Gott sitzt auf seinem heil'gen Throne.
10. Versammlet sind die Fürsten der Völker,
Zu einem Volke des Gottes Abrahams.
Denn Gottes sind des Erdreichs Schilde.
Hoch erhaben ist er!

XLVIII.

1. Ein Singepsalm der Söhne Korachs.

2. Groß ist der Herr, und hochgerühmt
Sein heilger Berg in unsres Gottes Stadt.
3. Schöner Landzweig! des Erdballs Wonne;
Berg Zion! zur Mitternacht ihm
Eines großen Königs Residenz;
4. Gott in ihren Palästen erkannt als Schutz.
5. Seht, die Könige – hier kamen sie zusammen,
Und gingen allesamt vorüber.
6. Sie sahen, staunten, entsetzten sich, flohn.
7. Zittern kam sie an daselbst;
Angst, wie eine Gebärerin.
8. Mit dem Hauch von Morgenseite
Zerbrachst du Schiffe von Tarschisch.
9. Wie wir gehört; so sahn wir itzt,
An der Stadt des Herrn Zebaoth,
An der Stadt unsres Gottes,
Der sie auf ewig erhält.
10. Gleich ist deine Güte, Gott! mitten im Tempel,
11. Mit deinem Ruhme, deinem Lobe, am Ende der Welt;
Deine Rechte ist voller Gerechtigkeit.
12. Es freue sich Berg–Zion!
Es jauchzen die Töchter Juda!
Über deine Richtersprüche.
13. Umringet die Tochter Zion!
Geht um sie herum!
Zählt ihre Türme!

14. Bemerket ihre Zwinger!
Besteiget ihre Paläste!
Auf daß der Nachwelt ihr's verkündet;
15. Denn dieser Gott ist unser Gott, auf ewig:
Er führt uns über den Tod.

XLIX.

1. Dem Sangmeister, von den Söhnen Korachs, ein Psalm.

2. Vernehmt mich, ihr Völker alle!
Erdbewohner merket auf!
3. Der Großen Söhne! Söhne der Gemeinen!
Ihr Reichen und ihr Dürftigen!
4. Mein Mund soll seine Sprüche lehren;
Mein Herz von Weisheit dichten.
5. Mein Ohr vernimmt ein hohes Lied,
Und auf der Harfe spiel ich's nach.

6. Soll ich verzagen in der bösen Zeit?
Trifft mich die Strafe meiner Untertreter?
7. Die sich auf ihre Macht verlassen,
Auf ihren großen Reichtum trotzen.
8. Den Bruder will der Bruder nicht befrein,
Versagt das Lösegeld dem Richter.
9. Sich selbst loskaufen, kostet es zu viel,
Sie werden's ewig unterlassen.
10. Und wenn der Tor noch ewig lebte,
Und niemals das Verderben sähe!
11. So merkt er nicht, daß Weise sterben,
Daß auch der Toren Schwarm vergeht
Und andren ihre Kräfte lassen?
12. Sie wähnen zwar: Paläste dauern,
Ihr Wohnplatz bleibe für und für,
Ihr Name hochberühmt auf Erden.
13. Allein des Menschen ganze Herrlichkeit,
Sie daurt kaum eine Nacht,
Wenn er dahin fährt, wie das Vieh.

14. Dies ist ihr Tun: sich selber Torheit;
Wenns nur die späten Enkel rühmen.
15. Gleich einer Herde, fahren sie ins Grab;
Sie treibt der Tod. Die Seligen beherrschen sie
An jenem Morgen. Nicht ewig faßt der Abgrund
Ein Wesen, das ihn überdauert:
16. Der Herr erlöse meine Seele,
Nimmt er sie mir, nur von der Hölle;
17. Sie siehet, ohne Neid, wenn jener Schätze sammelt,
Und seines Hauses Herrlichkeit vermehrt.
18. Im Tode nimmt er keine Schätze mit;
Die Herrlichkeit fährt ihm nicht nach.
19. Ist seine Seele hier vergnügt;
Einst werden sie dich selig preisen.
20. Er fährt doch seinen Vätern nach,
Erblicket ewig nicht das Licht.
21. Ein Mensch in höchsten Würden,
Wenn er kein Weiser ist,
Fährt hin, wie dummes Vieh.

L.

1. Ein Psalm Assaphs.

Der Götter Gott, der Ewge redet,
Ruft der Erde zu, vom Aufgang bis zum Niedergange
2. Von Zion – Krone der Schönheit –
Strahlt die Gottheit einher.
3. Er kömmt, unser Gott, und schweigt nicht
(Blitzstrahl verzehret vor ihm;
Um ihn her gewaltiger Sturm.)
4. Ruft dem Himmel von oben,
Ruft der Erde, zu richten sein Volk:
5. „Versammlet mir meine Verehrer,
Die mein Bündnis beim Opfer errichten.
6. (Der Himmel ist seiner Gerechtigkeit Zeuge;
Denn er ist Richter, – Gott!)

7. Höre mein Volk! ich rede;
Israel! ich zeuge unter dir.
Gott bin ich, dein Gott!
8. Ich straf' dich nicht, ob deine Opfer;
Dein Altar raucht ja stets vor mir.
9. Ich mag kein Rind aus deinem Hause;
Aus deinen Hürden keine Böcke.
10. Denn mein sind alle Tiere des Waldes;
Mein auf Bergen das Vieh, bei Tausenden.
11. Ich kenne jeden Vogel im Gebirge;
Was sich im Felde regt, ist mir bekannt.
12. Hungert' ich? dir sagt' ichs nicht;
Denn mein ist Erd' und was sie füllet.
13. Eß ich denn Fleisch der Stiere?
Trink' ich der Böcke Blut?
14. Bring' nur Gotte Dank zum Opfer;
Erfülle nur, was du dem Höchsten gelobst;
15. Und ruf mich an, in deiner Not,
Ich rette dich: – so nur verehrst du mich."
16. Aber zum Verruchten sagt Gott:
„Was schwatzest du von meiner Lehre;
Führst meinen Bund in deinem Munde?
17. So du doch hassest alle Zucht;
Wirfst meine Worte hinter dich.
18. Ersiehst du einen Dieb, du bist sein Freund;
Und Ehebrecher sind dein Umgang.
19. Lässest deinen Mund zum Bösen aus;
Deine Zunge schmiedet Arglist;
20. Sitzest da, verleumdest deinen Bruder;
Heftest deiner Mutter Sohne Schandfleck an.
21. Dies tust du. – Schwieg ich nun;
Du dächtest wohl, ich sei, wie du.
Nein, ich zeige dirs, ich lege dirs vor Augen.
22. Merkt es wohl ihr Gottesvergeßnen!
Sonst raff' ich hin, und niemand rettet.
23. Wer Dank mir opfert, ehret mich:
Wer Acht auf seinen Wandel hat,
Dem zeig' ich göttlich Heil."

LI.

1. Dem Sangmeister, ein Psalm Davids.

2. Als der Prophet Nathan zu ihm kam, da er zu Bathseba eingegangen

3. Erbarm dich meiner, Gott! nach deiner Gnade!
Nach deiner großen Güte tilge meine Schuld!
4. Wohl wasche mich von meinen Missetaten,
Und reinige von meinen Sünden mich.
5. Denn ich erkenne mein Verbrechen:
Und meine Sünde schwebet stets vor mir.
6. Daß ich dir, Einziger! gesündigt;
Was bös in deinen Augen ist, getan.
Daß du gerecht seist, wenn du sprichst;
Rein erscheinest, wenn du richtest.
7. In Sünden hat man mich gezeuget:
In Missetat empfing mich meine Mutter.
8. Sieh! Du verlangst im Heimlichen die Wahrheit;
Du lehrst mich Weisheit im Verborgenen.
9. Entsündge mich mit Hysop, daß ich rein sei;
Von dir gewaschen, glänz ich, trotz dem Schnee.
10. O laß mich Wonn' und Freude hören!
Erquicke das Gebein, das du zerschlugst!
11. Verbirg dein Angesicht vor meinen Sünden;
Und lösche meine Missetaten aus!
12. Erschaffe, Gott! in mir ein reines Herz!
Und gib mir einen neuen Biedersinn!
13. Verwirf mich nicht vor deinem Angesichte;
Entziehe mir nicht deinen heiligen Geist!
14. Gib mir die Wonne deines Heiles wieder,
Laß mich den Geist der Großmut unterstützen!
15. Denn lehr' ich Übertreter deine Wege:
Und Sünder, daß sie wieder zu dir kehren.
16. Errette mich von Blutschuld, Gott! mein Heil!
Daß meine Zunge deine Gnade preise!
17. Herr! öffne meine Lippen,
Daß deinen Ruhm mein Mund verkünde!

18. Denn Opfer willst du nicht, ich gäbe sie:
Brandstücken sind dir nicht gefällig.
19. Das Opfer, das dir wohl gefällt, ist ein gebrochner Sinn.
Ein gebrochnes, ein zerschlagnes Herz,
O Gott! verschmähst du nicht!

Chor.

20. Tue Zion wohl nach deiner Huld!
Erbaue die Mauern Jerusalems!
21. Denn werden Opfer ohne Schuld,
Geweihte Gaben dir gefallen,
Denn besteigen Stiere deinen Altar.

LII.

1. Dem Sangmeister, eine Unterweisung Davids.

2. Als der Edomer Doeg kam, und dem Saul hinterbrachte:
David sei in Abimelechs Haus angekommen.

3. Was rühmst du, Held! dich deines Frevels?
Sie währt doch immer, Gottes Güte.
4. Du sinn'st auf Unfall: deine Zunge –
Sie gleichet scharfgewetzten Klingen;
Sie stiftet Trug und Meuterei.
5. Du lieb'st das Böse mehr als Gutes;
Die Lüge mehr als Wahrheitreden;
6. Bist aller unheilschwangern Worte
Betrügerischer Zungen Freund.
7. So wird auch Gott dich so zerstören;
Dich fassen, aus dem Zelte reißen,
Und deine Wurzel aus dem Lande
Des Lebens ziehn, auf ewge Zeit!
8. Dies werden die Gerechten schaun,
Und schaudernd spotten über ihn:

9. „Sehet da! den Mann! –
Gott war nicht seine Zuversicht;
Er traute seinen großen Schätzen.
Die Zuversicht ward ihm zum Falle!"
10. Ich aber bin dem jungen Ölbaum,
Im Tempel Gottes grünend, gleich;
Vertraue stets auf Gottes Güte.
11. Dir dank' ich stets – denn du tust es! –
Dein Nam' ist immer mein Vertraun,
Denn er tut deinen Freunden wohl!

LIII.

1. Dem Sangmeister auf Machlath. Eine Unterweisung Davids.

2. Im Herzen spricht der Schalk: es ist kein Gott!
Verderbnis liebt man, Greul und Unrecht:
Niemand will das Gute üben.
3. Vom Himmel schauet Gott
Auf die beglückten Menschensöhne;
Ob Einer der Vernunft gehorche,
Nur Einer Gott im Herzen forsche.
4. Alle stimmen sie zum Abfall ein:
Nicht Einer will das Gute üben, auch nicht Einer.
5. Sie werden inne werden, die Tyrannen!
Die jetzt mein Volk, wie Brot verzehren,
Gott, den sie nicht angerufen!
6. Bald wird man fürchten, wo man nichts gefürchtet;
Wenn deiner Bekrieger Gebeine
Gott zerstreuet.
Beschäme sie! Sie sind von Gott verachtet!

Chor.

Gott! der von Zion aus,
Den Israelen Hülfe sendet!
Wenn des verstoßnen Volks
Der Herr sich annimmt;
Ist Jakob froh, ist Israel in Freuden.

LIV.

1. Dem Sangmeister auf Neginoth. Eine Unterweisung Davids.

2. Als die Siphäer zu Saul kamen und sagten:
David hält sich bei uns verborgen.

1.

3. Hilf mir Gott! durch deinen Namen;
Schaff' mir Recht, durch deine Macht!
4. Gott! erhöre mein Gebet;
Merk auf meines Mundes Worte!
5. Barbarn, wider mich verschworen,
Grausam Volk begehrt mein Leben,
Denket nicht an Gott! –
6. Aber Gott ist mir ein Helfer;
Ist Erhalter meines Lebens.

2.

7. Laß das Unheil sich zu meinen Feinden wenden!
Deine Wahrheit heischt es – laß sie schmachten!
8. Mit Freimut bring ich dir dann Opfer dar;
Danke deinem Namen, der so wohltut.
9. Er rettet mich aus aller Not:
Er läßt mich Lust an meinen Feinden schaun.

LV.

1. Dem Vorsänger auf Neginoth. Eine Unterweisung Davids.

2. Gott! höre mein Gebet!
Entzieh dich meinem Flehen nicht!
3. Neige dich zu mir, erhöre mich!
Wie ich kläglich zage, heule,
4. Daß der Feind so tobt, der Frevler drängt;
Wollen Unheil mir zuwälzen,
Sind mir heftig gram.
5. Angstvoll schlägt das Herz in mir;
Mich überfallen Todesschrecken,

6. Wandeln Furcht und Zittern an.
Mich überdeckt ein kaltes Grauen.
7. Ich sprach: o hätt' ich Taubenschwingen,
Daß ich flöge Rast zu suchen,
8. Ferne weg, in weite Irre;
Übernächte in der Wüste.
9. Wie würd' ich eilen zu entkommen,
Vor Sturm und Ungewitter!

10. Verderben bringe, Herr! und Zwiespalt unter sie.
(Schon seh' ich in der Stadt Gewalt und Hader
11. Tag und Nacht auf ihren Mauern wandeln,
Und Angst und Kummer lauren innerhalb.
12. Unfall drohet innerhalb;
Trug und Arglist weicht nicht von den Straßen.)
13. Denn schänd'te mich ein Feind;
Dies wollt' ich dulden.
Wenn mich mein Hasser pocht;
Vor ihm verberg ich mich.
14. Aber du, ein Mann geschätzt, wie ich!
Mein Rat, mein Busenfreund!
15. Mit dem ich süßen Umgang pflegte;
Zu Gottes Haus in frohen Haufen wallte!
16. Ha! Tod und Untergang reizt dieses über sie!
Lebendig sinken sie in Abgrund;
Unglück hegen sie in ihrer Wohnung,
Mitten unter sich.

17. Ich rufe nur zu Gott empor,
Und er erhöret mich.
18. Abends, morgens, mittags klag' ich, weine,
Und er erhöret meine Stimme;
19. Erlöst mein Leben, sichert es,
Daß niemand an mich kann.
Denn so oft sie an mich wollen,
20. Vernimmts der Herr, und züchtigt sie:
Er, der von ewig her regiert,
Sie, die sich ohne Wandel dünken,
Und fürchten keinen Gott. –

21. Schon legt er seine Hand an Freunde,
Bricht seinen Bund.
22. Glatt, wie Milchrahm ist sein Mund,
Tück' und Krieg sein Herz.
Gelinder fließen seine Worte als Öl,
Und sind gezückte Dolche.
23. O dem Ewigen befiehl nur dein Geschick,
Der wird dich schon versorgen,
Der läßt nicht immer den Gerechten wanken.
24. Ja, Gott! stürzen wirst du sie hinab in tiefe Gruft!
Blutgierige und Falsche
Erreichen nicht die Hälfte ihrer Tage.
Dies Vertrauen hab' ich stets zu dir.

LVI.

1. Dem Sangmeister auf Jonath Elem Rechokim. Ein Kleinod Davids, als ihn die Philister zu Gath griffen.

2. Sei mir gnädig, Gott! der Mensch will mich verschlingen.
Täglich ängstiget mich ein Bestreiter;
3. Täglich schnaubt ein Feind nach mir:
Denn viel sind meiner Widerstreiter, Gott!

4. So oft mir angst wird, hoff' ich nur auf dich.
5. Ich rühme mich der göttlichen Verheißung;
Vertraue Gott, und fürchte nichts.
Was kann der Mensch mir tun?

6. Täglich lauern sie mir auf,
Sinnen nur auf meinen Untergang.
7. Sammeln sich zu Haufen, lauschen,
Bemerken meine Tritte, stellen meinem Leben nach.

8. Umsonst sei ihr Entrinnen!
Stoß sie im Zorn hinab, o Gott! die Barbaren!
9. Und hast du Leiden über mich verhängt;
Ah! lege meine Tränen zu den Leiden!
Sind sie nicht auch von dir verhängt?

10. Schon weichen sie zurück die Feinde, wenn ich rufe:
Denn ich weiß es, Gott ist mir zur Seite.
11. Ich rühme mich der göttlichen Verheißung;
Ich rühme mich des Ewigen Verheißung;
12. Vertrau auf Gott, und fürchte nichts.
Was kann der Mensch mir schaden?
13. Gott! zu Gelübden bin ich dir verpflichtet;
Dir will ich meinen Dank entrichten,
14. Denn du errettest mich vom Tode,
Auch meinen Fuß vom Gleiten;
Daß ich wandeln mag vor Gott,
Im Lichte der Lebendigen.

LVII.

1. Dem Sangmeister, Vertilge nicht; ein Kleinod Davids,
in der Höhle, wohin er vor Saul geflohen war.

2. Erbarm dich, Gott! erbarm dich mein!
Bei dir sucht meine Seele Schutz,
Schutz im Schatten deiner Flügel,
Bis die unglückschwangre Zeit vorüber.
3. Zu Gott ruf ich, dem Allerhöchsten;
Zu Gott, der über mich beschließt:
4. Er sendet Hülfe mir vom Himmel,
Beschämet meine Widersacher;
Sendet seine Güte, seine Treue.
5. Hier ist mein Leben – unter Löwen
Flammenschnaubend; unter Menschen,
Deren Zähne Lanz' und Pfeile,
Deren Zunge scharfe Dolche.

Chor.

6. Erhebe, Gott! dich über die Himmel;
Über alle Welt
Deine Majestät!

7. Netze legten sie meinen Tritten ein;
Krümmten meinen Geist zu Boden;
Gruben vor mir eine Grube, –
Und fallen selbst hinein.
8. Unerschrocken bleibt mein Herz;
Unerschrocken, Gott!
Ich singe, schlage Saitenspiel.
9. Erwache, meine Ehre!
Erwache, Harf und Cither!
Die Morgenröte weck' ich auf.
10. Dich, Herr! erheb' ich unter Nationen;
Dir tönt unter Völkern mein Spiel.
11. Denn bis am Himmel reichet deine Güte,
Deine Treu, so weit die Wolken gehn.

Chor.

12. Erhebe, Gott! dich über die Himmel;
Über alle Welt
Deine Majestät!

LVIII.

1. Dem Sangmeister, Vertilge nicht; ein Kleinod Davids.

2. Ihr Richter! heißt ihr dieses Recht gesprochen?
Urteilt ihr so nach Billigkeit, ihr Männer?
3. Im Herzen schmiedet ihr ja Bubenstücke,
Und wägt Gewalttat zu, statt Recht, im Lande.
4. Gottlose sind verkehrt, von Mutterleibe an;
Betrüger bringen Irrsinn mit zur Welt.
5. Ihr Wüten gleichet giftiger Schlangen Wüten;
Der tauben Otter, die ihr Ohr verstopft,
6. Daß sie nicht höre der Beschwörer Stimme,
Des weisen Meisters Zauberspruch nicht höre.
7. Zerschmettre, Gott! die Zähn' in ihrem Munde!
Zermalme das Gebiß der jungen Löwen!
8. Laß sie zergehn, wie Wasser, das dahin fleußt.
(Der Pfeil zersplittre, den sie angelegt!)

9. Wie eine Schnecke, die im Gehn zerschmilzt: –
Wie Frühgeburt, die keine Sonne schauet. –
10. Eh eur Gefäß des Dornes Brand gerochen,
Noch roh, kaum angewärmt – weg führ's der Sturm!
11. Der Fromme schau Bestrafung, freue sich,
Und bade seine Tritt' in Frevler Blut.
12. So spricht ein jeder: Unschuld bringt doch Frucht;
Fürwahr, es ist ein Gott auf Erden Richter!

LIX.

1. Dem Sangmeister, Vertilge nicht; ein Kleinod Davids,
als Saul sein Haus besetzen lies, ihn umzubringen.

2. Rette mich mein Gott! von meinen Feinden!
Sichre mich vor meinen Widersachern!
3. Rette mich von Übeltätigen,
Hilf mir wider Blutbegierige!
4. Denn siehe! auf mein Leben lauern sie,
Da ich nichts verbrochen, nichts begangen.
5. Laufen, ohne mein Verschulden, umher, und rüsten sich.
Ach, erwache auf mein Rufen, und sieh' her!
6. O Ewiger! des Weltalls Herr!
Gott Israels! auf!
Suche alle Erdbewohner heim;
Keinem der Verwegnen,
Keinem Ungetreuen gnädig.
7. Abends kommen sie herzu,
Lärmen, wie die Hunde,
Wandern in der Stadt umher.
8. Mit dem Munde sprudeln sie,
Mit den Lippen Dolche.
Denn wer hört es?
9. Du aber, Ewiger! verlachest sie,
Spottest aller Heiden.
10. O du Allmacht, deiner harr' ich!
Meine feste Burg ist Gott.

11. Seine Gnade ist mir nahe.
Gott läßt mich Lust an Feinden sehn.
12. Umkommen laß sie nicht!
Mein Volk vergäße sie gar bald.
Nein! in Elend treibe sie umher;
O du, unser Schild! laß sie gestürzt,
13. Kund tun ihres Mundes Sünden,
Ihrer Lippen schnöde Worte;
Wie, verstrickt in ihrem Hochmut,
Sie Trug und Meineid büßen.
14. Vertilg' im Zorne, vertilge sie;
So sind sie nicht!
Nein, erfahren müssen sie
Daß ein Gott in Jakob Herr sei;
Herr sei über alle Welt.
15. Abends müssen sie dann kommen,
Lärmen, wie die Hunde,
Wandern in der Stadt umher:
16. Sie hin und her nach Speise irrend,
Zu stillen ihren Hunger,
Zu finden Lagerstätte;
17. Indes ich deine Macht besinge,
Bis am Morgen deine Güte jauchze.
18. Dir, o Allmacht tönen meine Saiten.
Feste Burg ist Gott mir;
Gnädig ist mir Gott.

LX.

1. Dem Sangmeister auf Schoschan Eduth, ein Kleinod Davids, zum Auswendiglernen.

2. Als er wider Mesopotamien und Nesibit zu Felde lag, und Joab wieder hinging und zwölf tausend Edomiter im Salztale schlug.

3. Verstoßen, hingestreut hast du uns, Gott!
Du zürnetest. – Ach nimm uns wieder auf!

4. Du hast die Erd' erschüttert, Risse aufgesprengt. –
Heil' ihre Brüche zu, die so zerschellet ist!
5. Du zeigtest deinem Volke hartes Schicksal;
Du gabst uns Taumelwein zu trinken.
6. Hoch weht nun wieder deiner Verehrer Panier
Um der Wahrheit willen, Selah!
7. Auf daß errettet werden deine Lieben,
Laß deine Rechte helfen, erhöre uns.
8. Gott sprachs, in seinem Heiligtume:
Nun sing' ich Siegeslied.
„Sichem verteile ich wieder;
Und messe Succoth Tal mir aus.
9. Mein ist Gilead, Menasse mein,
Ephraim meines Hauptes Macht.
Gesetze gibt nun Juda wieder.
10. Mein Waschgefäß ist Moab;
Auf Edom werf' ich meinen Schuh.
Philister! triumphierst du noch?" –
11. Wer bringt mich in die feste Burg?
Wer führte mich nach Edom hin?
12. Bist du's nicht, Gott? du hattest uns verlassen;
Zogst nicht mehr mit unserm Heere.
13. Ach, schaff' uns Rettung aus der Not;
Denn Menschenhülfe ist doch kein nütz.
14. Mit Gott nur tun wir große Taten;
Er tritt sie nieder, unsre Feinde.

LXI.

1. Dem Sangmeister auf Neginoth, von David.

2. Höre Gott! mein Schreien;
Merk auf mein Gebet!
3. Von des Landes Grenze ruf' ich dir,
Wenn mein Herz verzagen will.
Du führest mich auf hocherhabenen Fels.
4. Denn meine Zuversicht bist du;
Ein fester Turn vor Feinden.

5. In deinem Zelte wohn' ich ewiglich,
Geborgen unter deinen Fittichen.
6. Du hörtest, Gott! auf mein Gelübde;
Setzest wieder in ihr Eigentum,
Die deinen Namen fürchten, ein.
7. Gib dem Könige ein langes Leben;
Jahre bis zum kommenden Geschlecht:
8. Daß er vor Gott auf seinem Throne bleibe.
Befiehl daß Treu und Güte ihn bewache:
9. So tönt dir ewiglich mein Saitenspiel,
So zahl' ich die Gelübde, Tag für Tag!

LXII.

1. Dem Sangmeister auf Jeduthun. Ein Psalm Davids.

2. Nur in Gott getröstet sich mein Geist;
Von ihm nur kömmt mein Heil.
3. Nur er ist Fels und Rettung mir,
Und hohe Burg. Sehr wanken kann ich nicht!
4. Wie lange stürmt ihr zu, auf *einen* Mann,
Und brechet sämtlich ein, gleich wie
In morsche Wand, in sinkendes Gemäuer?
5. Nur ihn von seiner Höh' zu stürzen,
Beschließen sie im Rat; belieben Heuchelei;
Gleisnen Segen mit dem Munde;
Hegen Fluch im Herzen.
6. Sei nur in Gott getrost, mein Geist!
Denn meine Hoffnung kömmt von ihm.
7. Nur er ist Fels und Rettung mir;
Nein, stürzen werd' ich nicht.
8. Mein Heil und meine Würde ist bei Gott;
Mein Schutzfels, meine Zuversicht ist Gott.
9. Geliebtes Volk! vertraut ihm allezeit!
Schüttet aus euer Herz vor ihm!
Gott ist unsre Zuversicht.
10. Menschen sind nur Hauch, – die Großen Trug.
Auf der Waage hebt ein Hauch
Sie allesamt empor.

11. Verlaßt euch nicht auf Raub und Frevel!
Seid nicht in Wahn so sehr betört!
Fleußt Reichtum zu, so hängt eur Herz nicht dran.
12. Ein Wort hat Gott gesprochen;
Das ward ich oft gewahr;
Macht steht nur bei Gott.
13. Doch Gnade, Herr! steht auch bei dir!
Jedem lohnest du, nach seinem Werke.

LXIII.

1. Psalm Davids, als er in der Wüste Juda war.

2. Gott! mein Gott bist du! dich such ich Morgens' früh;
Nach dir dürstet meine Seele, sehnet sich mein Fleisch,
Hier in dürrem, schmachtendem, wasserlosem Lande;
3. Deine Herrlichkeit zu schauen, deine Pracht.
4. Dort im Heiligtum sah' ich sie dereinst. Meine Lippen priesen dich:
Deine Huld ist köstlicher als Leben.
5. Gerne säng' ich deinen Ruhm also mein Lebenlang;
Hübe meine Hände empor, riefe deinen Namen an.
6. Wie von Mark und Fette satt, würd' ich laute Lieder singen;
7. Wenn ich dein gedächte, nachts auf meinem Lager;
Bis zur frühen Wache, immer von dir reden;
8. Unter deiner Flügel Schatten laut frohlocken,
Daß du meine Hülfe warst.
9. Meine Seele hängt dir an; deiner Rechten folg ich nach.
10. Die mir nach dem Leben stehn, finden ihren Untergang;
Fahren hin in tiefsten Abgrund;
11. Fallen fortgeschleppt vom Schwerte;
Werden wilder Füchse Teil.

Chor.

12. Der König freue sich in Gott!
Es rühme sich, wer Treu ihm schwört.
Der Lügner Mund verstumme!

LXIV.

1. Dem Vorsänger. Ein Psalm Davids.

1.

2. Erhöre, wenn ich klage, meine Stimme, Gott!
Behüte mich vor Feindes Angst!
3. Verbirg' mich vor der Bösen Rat,
Vorm Ungestüm der Übeltäter.
4. Die, wie Dolche, ihre Zungen schärfen;
Legen ihr Geschoß an – giftige Verleumdung –

2.

5. Zielen heimlich auf den Frommen;
Drückens plötzlich ab, ohn' alle Scheu.
6. Sie schmieden bösen Anschlag feste;
Sinnen, wo sie Stricke legen;
Sprechen, wer bemerkt sie dort?
7. Vermummt sind ihre Bubenstücke;
Verschlagen ihre Ränke;
Im Innersten verborgen,
Im Herzen tief versteckt.

3.

8. Allein auch da trifft Gott;
Ihr schneller Pfeil verletzt sie selbst.
9. Sie fället ihre eigne Zunge,
Daß ihrer spottet, wer sie schaut.
10. Und alle die es sehen, sagen:
O! Gott hat das getan!
Erkennen, daß sein Werk es sei.

4.

11. Der Fromme freut sich in Gott,
Und findet Schutz bei ihm.
Seiner rühmet sich,
Wer grades Herzens ist.

LXV.

1. Dem Sangmeister, ein Psalm Davids zum Singen.

2. Der Seelen Ruhe ist es, Gott!
Zu Zion dich zu loben,
Gelübde dort dir zu bezahlen.
3. Erhörer des Gebets! zu dir kömmt alles Fleisch!
4. Ist uns der Sünden Last zu schwer;
Die Missetaten; – Du verzeihest sie.
5. Wohl deinem Liebling, den du aufnimmst,
Daß er in deinem Vorhof wohne!
Da wird man satt von Gütern deines Hauses;
Satt von deines Tempels Heiligtum.
6. Dein Drohen selbst, o Gott des Heils!
Ist furchtbar, doch gerecht.
Du bleibst die Zuversicht der Erden Enden,
Die Zuversicht entfernter Küsten,
7. Der du mit deiner Macht
Der Berge Grund gelegt,
Mit Allgewalt Umgürteter!
8. Du stillst der Meere Brausen,
Das Brausen ihrer Wogen:
So wie der Völker Ungestüm.
9. Ob deine Wunderzeichen staunen
Die Einbewohner ferner Zonen.
Du machst frohlocken,
Des Morgens und des Abends Anbeginn.
10. Du suchest heim die Erde, wässerst sie,
Bereicherst sie gar sehr;
(Voll Wassers ist das Brünnlein Gottes!)
Wohl bekleibet ihre Frucht,
Wenn du so den Boden ebnest;
11. Tränkest ihre Furchen,
Senkest ein das Aufgepflügte;
Schmelzest es mit Regenguß;
Segnest ihr Gewächs;
12. Bekrönst das Jahr mit deinem Gute;
Von deinen Spuren triefet Überfluß.

13. Es triefen Auen in der Wüste;
Die Hügel gürten sich mit Fröhlichkeit.
14. Die Triften kleiden sich mit Schafen;
Kornfrucht hüllt die Täler ein.
Alles jauchzet, alles singet.

LXVI.

1. Dem Sangmeister, ein Psalmlied.

Jauchzet Gotte, alle Lande!
2. Laßt, zu Ehren seines Namens,
Hohes Lob erschallen!
3. Sprecht zu Gott: „Wie wunderbar sind deine Werke!
Unter deiner Allmacht
Schmiegen sich die Feinde.
4. Der ganze Erdkreis betet an, lobsinget dir,
Lobsinget deinen Namen, Selah."
5. Gehet, schaut die Taten Gottes!
Sein Walten über Menschenkinder, wunderbar!
6. Er wandelte das Meer ins Trockn!
Daß man durch Strom zu Fuße kam:
Da freueten wir uns sein.
7. Der ewig herrscht mit Allgewalt,
Sein Auge schauet auch auf Heiden,
Die Empörer! nie werden sie erhöht!
8. Rühmet, Völker unsern Gott!
Laßt sein Loblied laut erschallen!
9. Der uns erhält zu besserm Leben;
Der unsern Fuß nicht gleiten läßt,
10. Denn, Gott! geprüfet hast du uns;
Geläutert, wie man Silber läutert;
11. Hast uns verstrickt in Schlingen;
Unsern Lenden Lasten angehängt.
12. Ließest Menschen fahren über uns;
Brachtest uns in Feuersnot, in Wassersnot;
Allein du führest uns heraus, zum Freudenmahl.

13. Deinem Tempel wall' ich mit Brandopfern zu.
Bezahle, was ich dir gelobt;
14. Wie ich meine Lippen aufgetan;
Wie ich versprach in meiner Not.
15. Feiste Opfer bring ich dir:
Der Widderduft steigt dir empor.
Rinder führ' ich zu und Böcke.
16. Kommet, hört, ihr Gottverehrer!
Ich erzähle, was er mir getan.
17. Ich rief ihn an, mit meinem Munde;
Bald war auf meiner Zunge Lobgesang.
18. Hätt' ich Unrecht vor in meinem Herzen;
Würde mich der Herr wohl hören?
19. Allein er hört mich, Gott,
Er merket auf mein Flehen wohl.
20. Gelobt sei Gott, der nicht verwirft mein Flehen,
Noch seine Güte von mir wendet!

LXVII.

1. Dem Sangmeister auf Neginoth, ein Psalm zum Saitenspiel.

2. Gott sei uns gnädig;
Geb' uns seinen Segen,
Und laß sein Antlitz uns erleuchten.
3. Daß man auf Erden deinen Weg erkenne;
Unter allen Völkern deine Hülfe.
4. Dir huldigen die Staaten, Gott!
Dir huldigen die Staaten alle.
5. Nationen freuen sich und jauchzen,
Daß du gerecht die Staaten richtest,
Regierst auf Erden alle Reiche!
6. Dir huldigen die Staaten, Gott!
Dir huldigen die Staaten alle.
7. Das Land gibt sein Gewächs;
Uns segne unser Gott.
8. Gott segne uns,
Und ihn verehre alle Welt!

LXVIII.

1. Dem Sangmeister Davids. Ein Psalm, zum Singen.

Eingang.

2. Gott mache sich auf,
Daß seine Feinde zerstreut,
Flüchtig werden seine Hasser.
3. Wie Rauch verjagt wird, jage sie fort:
Wie Wachs am Feuer zerschmilzt,
Vergehen Übeltäter vor Gott.
4. Aber fröhlich seien die Gerechten.
Sie frohlocken vor dem Herrn,
Und vollbringen wonnevolle Tage.

Chor I.

5. Singet dem Namen Gottes!
Preiset ihn mit Saitenspiel!
Macht ihm Bahn, der durch die Ätherwüste fährt.
Sein Nam' ist Ewiger!
Frohlocket vor ihm!
6. Ein Vater der Waisen:
Ein Richter der Witwen:
Gott, in seiner heilgen Wohnung!

Chor II.

7. Ein Gott, der Einsamen das Haus besetzt:
Gefesselten die Freiheit gibt:
Doch Widerspenstige bewohnen dürres Land.

1.

8. Gott, als du vor deinem Volke auszogst,
Einhertratst in der Wüste, Selah!
9. Da bebte die Erde; die Himmel troffen vor Gott,
Dieser Sinai vor Israels Gott!

10. Einen milden Regen lässest du herab;
Erquickst dein Erbgut, lechzendes Land.
11. Dir geweihte Tiere sollten es bewohnen;
Mit deiner Güte, Gott! ward es
Erquickt, für ein bedrängtes Volk.

2.

12. Frohe Nachricht sendet Gott!
Der Botschaftbringerinnen großes Heer!
13. Die Könige mit ihrer Heeresmacht,
Bewegen sich hier, bewegen sich da;
Und die Hausbewohnerin verteilet Beute.
14. Auch wenn ihr bei den Tränken lauert,
Deckt Silber die Flügel der Taube,
Flammend Gold der Fittiche Spitzen.
15. Die Allmacht streckt dort Könige hin;
Dann leuchtet Schnee im Düstern.

3.

16. Berg Gottes ist der Berg zu Bassan;
Breiten Rücken streckt der Berg zu Bassan.
17. Was eifert ihr, ihr Berge breiter Rücken?
Jenen Berg erkor zu seinem Sitze Gott.
Ewig thront der Heilige auf ihm.
18. Myriaden sind des göttlichen Gefolges;
Myriaden himmlischer Mächte;
In ihrer Mitte der Herr:
So Sinai im Heiligtum!

Chor.

19. Du stiegest hoch empor,
Trugst Beute davon;
Empfingest Menschen zum Geschenk;
Nahmst auch Widerspenstige an;
Wohnest unter ihnen, Ewiger! Gott!

4.

20. Tag für Tag sei Gott gepriesen.
Er ladet uns auf, ist aber unser Helfer.

21. Uns ist unser Gott ein Gott der Hülfe.
Der Ewige, er weiß vom Tode Rettung.
22. Aber seiner Feinde Haupt zerschmettert Gott,
Die Scheitel des verstockten Bösewichts.
23. „Von Bassan, spricht der Herr, bring' ich zurück;
Ich bring' aus Meeres Tiefen zurück!
24. Daß du durch Blut mit deinem Fuße watest;
Mit Feindes Blut die Hunde sättigest."

5.

25. Man schaut nun deinen Prachtzug, Gott!
Den Einzug meines Gottes,
Meines Königs in sein Heiligtum.
26. Die Sänger voran, Saitenspieler folgen,
Umgeben von Paukenschlägerinnen.
27. In vollen Chören loben sie Gott;
Die vom Ursprung Israels, den Ewigen.
28. Hier Benjamin, der jüngste, führet sie an!
Die Fürsten Juda im Purpurgewand;
Die Fürsten Sebulun, Fürsten Naphtali.

6.

29. Dein Gott hat dir das Reich beschieden!
(O Gott! befestige das Reich das du gestiftet.)
30. Beherrsche nur Jerusalem aus deiner Burg!
Die Könige bringen dir ihren Tribut.
31. Ruhend auf silbernem Estrich,
Schrecke das Gezücht im Schilf!
Einer Heldenstiere Schar
Besteht die Kälber der Völker;
Zerstreut die Schlachtbegiergen Horden.
32. Die Fürsten kommen aus Ägypten herzu;
Cusch faltet Hände zu Gott!

Chor I.

33. Königreiche der Erde!
Singet Gotte!
Rührt dem Herrn euer Saitenspiel!

34. Ihm, der über der uralten Himmel
Höchsten Gipfel fährt.
Hört, wie seine Stimme donnert!
Donner der Allmacht!
35. Gebet Gotte das Reich!
Seine Majestät über Israel;
Seine Allmacht hoch am Firmament.

Chor II.

36. Furchtbar donnerts, Gott!
Aus deinem Heiligtume.
Israels Gott!
Er gibt dem Volke Reich und Macht.
Gelobt sei Gott!

LXIX.

1. Dem Vorsänger auf Schoschanim, von David.

2. Rette mich, o Gott! das Wasser dringt ans Leben!
3. Versenkt in Schlamm – Untiefe, nirgends Grund; –
Von Flut bedeckt, des Stromes Spiel,
4. Ermatte ich von Schrein; meine Kehle röchelt. –
Mein Gesicht vergeht
Vom Schaun nach meinem Gotte.
5. Mehr denn meines Hauptes Haare,
Sind derer, die umsonst mich hassen;
Fester als gewundne Locken,
Die mir gram sind unverdient.
Ich muß erstatten, was ich nicht geraubt.
6. Gott! dir ist meine Torheit zu bekannt;
Meine Schulden sind dir unverborgen.
7. Laß nicht durch mich beschämt sein,
Die dir vertraun, Gott! Herr der Welt!
Laß nicht an mir zu Schanden werden,
Die nach dir fragen, Gott Israels!
8. Denn um deinetwegen trag' ich Schmach;
Deckt Schamrot mir das Angesicht;

9. Bin ich meinen Brüdern fremde,
Meiner Mutter Söhnen unbekannt.
10. Eifer für dein Haus hat mich verzehrt;
Deiner Lästrer Schmähen fiel auf mich.
11. Ich verwein', im Fasten, meine Seele;
Man höhnet mein dazu.
12. Ich kleide mich in Trauerkleidern;
Auch das wird ihnen Spottgedicht.
13. Wer am Tor sitzt, wascht von mir,
Die Trinker singen auf mich Lieder.
14. Ich aber bete Herr zu dir, zur Gnadenzeit;
Gott! nach deiner grenzenlosen Güte!
Erhöre mich mit deiner treuen Hülfe!
15. Reiß mich aus dem Kote, daß ich nicht versinke;
Daß ich errettet werde von meinen Widersachern,
Und aus des Wassers Tiefen.
16. Daß mich die Flut nicht überschwemme;
Der Abgrund nicht verschlinge;
Die Gruft nicht über mich sich schließe.
17. Erhöre mich, Gott! denn deine Güte ist tröstlich;
Wende dich zu mir, nach deiner Allbarmherzigkeit;
18. Verbirg dein Antlitz nicht vor deinem Knechte!
Wie angst ist mir! eile, erhöre mich!
19. Sei meiner Seele nah, erlöse sie!
Hilf mir, um meiner Feinde willen!
20. Meine Schande, Scham und Schmach,
Die mich kränken alle sind vor dir.
21. Ah! die Schmach bricht mir das Herz!
Ich taumle ohnmächtig hin. –
Wart auf Mitleid – doch umsonst!
Seh aus nach Tröster; finde keinen.
22. Gift reicht man mir zur Labung;
Essig meinen Durst zu stillen.
23. Daß ihre Tafel ihnen eine Falle;
Eine Schlinge werde zur Vergeltung!
24. Daß ihre Augen finster werden,
Nichts mehr sehn!
Laß ihre Lenden immer wanken!
25. Geuß deine Ungnade über sie!
Deines Zornes Glut ergreife sie!

26. Öde sei ihr Schloß, ihre Hütten unbewohnt!
27. Denn, wen du schlägst, verfolgen sie;
Deine Verletzten zu quälen, sinnen sie nach.
28. O daß sie Sünd' auf Sünde häufen;
Nie kommen zur Begnadigung vor dir!
29. Daß sie vertilgt im Lebensbuche,
Nie mit Begnadigten verzeichnet werden!
30. Mich, der ich elend und betrübt bin,
Mich setzet deine Hülfe hoch empor!
31. Drum lob' ich Gott in einem Liede,
Ehr' ihn hoch in Dankgesängen.
32. Dies gefällt dem Herrn weit besser,
Denn ein Farr mit Horn und Klauen.
33. Schaut ihr Leidenden! werdet froh,
Ihr Sucher Gottes! euer Herz leb' auf!
34. Denn der Herr erhöret die Armen;
Verschmäht nicht, wen er fesseln läßt.

Chor.

35. Es lob' ihn Erd' und Himmel,
Meer und was darin sich regt!
36. Denn Gott wird Zions Helfer sein!
Wird aufbaun Judas Städte,
Zum Bewohnen, zum Besitzen!
37. Sie erbet seiner Knechte Samen,
Die Freunde seines Namens wohnen drinnen.

LXX.

1. Dem Vorsänger; von David, beim Duftopfer.

2. Gott! mich zu erretten –
Eile Herr mir beizustehn!
3. Erröten und verstummen müssen
Die mir nach dem Leben stehn!
Weichen und zu Schanden werden,
Die sich meines Unglücks freun!

4. Vor Scham zurücke beben,
Die mir zuriefen: *da! da!*
5. Vergnügt und glücklich sein an dir,
Alle die dich suchen;
Immer sagen: groß ist Gott!
Die Freunde deines Heiles.
6. Ich bin arm und elend;
Eile, Gott! zu mir!
Hülfe bist du mir und Rettung!
Ach, Ewiger! verzeuch nicht!

LXXI.

1. Herr! Ich trau' auf dich!
Laß mich nie zu Schanden werden.
2. Befreie, rette mich, durch deine Gerechtigkeit!
Neige mir dein Ohr und hilf mir!
3. Sei mir eine Felsenburg,
Wo ich immer Zuflucht finde,
Wo du befiehlst, mir beizustehn;
Nur du bist Fels und Veste mir!
4. Rette, Gott! mich aus der Hand des Frevlers,
Aus des Ungerechten Faust, des Räubers.
5. Denn du bist meine Zuversicht,
Meine Hoffnung, Herr! von Jugend auf.
6. Auf dich verließ ich mich von Mutterleibe;
Du halfst mir ihrem Schoß entkommen.
Auch ist mein Rühmen stets von dir.
7. Vielen dien' ich zur Belehrung –
Du aber bist mir festes Zuvertrauen!
8. Mein Mund wird deines Lobes voll,
Deines Preises immer voll sein.
9. Verwirf mich nur im Alter nicht!
Verlaß mich nicht da meine Kraft vergeht!
10. Feinde unterreden sich von mir;
Die auf mein Leben lauern, pflegen Rat;
11. Sprechen: „Gott verläßt ihn! Setzet nach!
Ergreift ihn! niemand rettet!"

12. Gott, sei du nicht fern von mir!
Eile, o mein Gott! mir beizustehn!
13. Umkommen müssen und zu Schanden werden,
Die Widersacher meiner Seele;
Daß sie in Hohn und Schmach sich hüllen,
Die sich meines Unglücks freun!
14. Ich aber werde unaufhörlich harren;
Unaufhörlich deinen Ruhm vermehren;
15. Mein Mund rühmt deine Allgerechtigkeit,
Deine Hülfe Tag für Tag!
Zwar sie erzählen kann ich nicht.
16. Den Eingang nur zu deiner Allmacht
Darf ich wagen, Gott! mein Herr!
Der Allbarmherzigkeit nur bloß erwähnen, Einziger!
17. Dies lehrtest du mich, Gott! von Jugend auf.
Auch jetzt noch rühm' ich deine Wunder.
18. Und auch im Alter, Gott! bei grauem Haupte,
Verlässest du mich nicht;
Daß ich der Nachwelt deinen Arm,
Der Zukunft deine Allmacht preise.
19. Und deine Allgerechtigkeit, Gott!
Bis zur Himmelshöhe;
Wundertaten die du tust,
Wer gleicht dir, Gott?
20. Viel Angst und Leiden ließest du mich dulden:
Doch rufst du mich zurück ins Leben;
Zeuchst aus der Erden Tiefen mich herauf;
21. Verleihst mir wieder hohe Würden,
Und wendest dich, mir Trost zu geben.
22. Drum dank' ich deiner Treue
Mit Psalterspiel, mein Gott!
Schlage meine Harfe dir,
Heiliger in Israel!
23. Meine Lippen jauchzen dir!
Dir tönt mein Saitenklang!
Meine Seele, die du rettest!
24. Täglich dichtet meine Zunge
Von deiner Allgerechtigkeit.
Denn die mein Verderben suchen,
Sind beschämt – verstummen.

LXXII.

1. An Salomo.

1. Gott! verleihe dein Gericht dem Könige;
Dem Königssohne dein gerechtes Urteil.
2. Daß er dein Volk gebührlich richte,
Recht spreche deinen Unterdrückten.
3. Die Berge tragen Glück dem Volke;
Glück die Hügel, durch Gerechtigkeit.
4. Er schaffe Recht dem armen Volke,
Steh der Dürftigen Kindern bei,
Zermalme den Unterdrücker.
5. So verehrt man dich, so lange Sonne
Und Mond währet, für und für.
6. Er lasse sich herab,
Wie Regenguß auf abgemähtes Land;
Wie Tropfen die das Erdreich feuchten.
7. In seinen Tagen blühe der Gerechte,
Und großes Glück, bis nimmer sei der Mond.
8. Er herrsche von Meer bis Meer,
Vom Strom bis an des Landes Ende.
9. Vor ihm beugen sich Wüstenbewohner,
Und seine Feinde lecken Staub.
10. Die Reiche Tarschisch und der Küsten
Bringen ihm Geschenke;
Schebas und Sebas Könige
Führen Gaben zu.
11. Alle Fürsten fallen vor ihm nieder,
Alle Völker sind ihm untertan.
12. Denn er rettet flehende Bedrängten,
Den Elenden, der keinen Helfer hat.
13. Schont des Armen, schont des Dürftigen,
Rettet der Verlaßnen Leben;
14. Befreiet sie von Trug und Frevel;
Denn teuer achtet er ihr Blut.
15. Wer wohl lebt, bringt ihm Gold aus Scheba,
Betet immerdar für ihn,
Und gibt ihm täglich seinen Segen.

16. Dicht Getreide steht im Lande,
Auf hoher Berge Gipfel.
Wie Libanon rauscht seine Frucht;
Und in den Städten blühts,
Wie auf der Flur Gewächs.
17. Sein Nachruhm währe ewig!
Sein Name mit der Sonne gleich!
Man segne sich mit ihm,
Alle Völker ihn.

18. Gelobt sei der Ewige, Gott, der Gott Israels, der allein
Wunder tut. 19. Und gelobt sei der Namen seiner Ma-
jestät; daß seine Majestät die ganze Erde erfülle. Amen,
Amen.

20. (Ende der Gebete Davids, Sohnes Jischai.)

Drittes Buch

LXXIII.

Psalm Assaphs.

1. Dennoch hat Israel zum Troste Gott:
Dies fühlt, wer reines Herzens ist.
2. Zwar wären meine Füße fast gesunken;
Ein Nichts, so glitten meine Tritte hin:
3. Schon fing ich an Verruchte zu beneiden;
Wenn ich beglückte Frevler sah:
4. Kein Knoten hemmet ihrer Tage Lauf,
Ihre Kraft bleibt ungeschwächt:
5. Sie leiden nicht, was Erdbewohner leiden;
Der Menschheit Plage trifft sie nicht:
6. Darum stolziert der Trotz an ihrem Nacken,
Und Frevel ist ihr Lieblingsschmuck.
7. Aus feisten Kreisen dringt ihr Aug hervor;
Ihr lüstern Herz ist übersatt:
8. Sie höhnen, lästern, reden Bubenstücke,
Von ihrer stolzen Höh' herab:
9. Gebieten hoch, wie wenns vom Himmel käme,
Und auf der Erde gilt ihr Wort;
10. Betört, folgt ihm das Volk, in ganzen Haufen,
Strömt ihm, wie Wasserfluten nach;
11. Sie wähnen: „Kann Gott wissen, was geschieht?
Wie kann der Höchste hierauf merken?
12. Seht diese Frevler hier! sie blühen
In stetem Glück und Überfluß.
13. Soll ich umsonst mein Herz dem Guten weihen,
Und meine Händ' in Unschuld waschen?
14. Nur neue Plage bringt mir jeder Tag,
Und jeder Morgen andre Not. –"
15. Oft dacht' ich fast wie sie; – allein so wären
Gott! deine Kinder ja verdammt.
16. Ich dacht ihm nach, und suchte Wahrheit;
Doch alles Forschen war nur Qual:
17. Bis ich ins Heiligtum des Herrn gekommen,
Ihr Ende abzusehn gelernt.

18. Erhaben sitzen sie, auf glatten Höhen;
Ein Abgrund drohet rund umher.
19. Wie plötzlich stürzen sie von ihren Höhen,
Verschwinden, wie ein Schreckgesicht!
20. Du machst ihr Schattenglück, o Gott! wie Träume
Dem Wachenden zu Mär, und Spott.
21. Wenn itzt der Bösen Glück mein Herz betrübet,
Und mir in meine Nieren sticht;
22. So bin ich gern ein Tor, und will nicht forschen;
Bin gern vor dir dem Viehe gleich.
23. Ich bleibe ja bei dir auf immer;
Du hältst an meiner Rechten mich:
24. Dein Ratschluß leitet mich auf dunklem Pfade;
Nimmt endlich mich zu Ehren auf.
25. Was könnt' ich neben dir im Himmel wünschen?
Was hier auf Erden neben dir?
26. Verschmachtet Leib und Seele, so ist Gott
Stets meines Herzens Trost, mein Teil:
27. Verloren sind, die sich von dir entfernen;
Verloren, wer um andre buhlt.
28. An Gott mich halten, ist mir höchstes Gut!
Ich suche meinen Schutz bei dir, Gott!
Mein Herr! verkünde deine Wundertaten.

LXXIV.

Unterweisung Assaphs.

1. Warum verwirfst du, Gott! noch immer uns?
Raucht über deine Herde ewiglich dein Zorn?
2. Ach denke der Gemeine, vormals dir erworben!
Des Stammes, dir zum Eigentum befreit!
Des Berges Zion, dir zum Thron erwählt!
3. Erhebe deine Tritte
Zu jenen unvergänglichen Trümmern,
Wo alles Heilige der Feind verheert.
4. Laut brüllten deine Widersacher,
Im Tempel deiner Stiftung:

„Ha! trifft sie ein, die Vorbedeutung!
5. Berühmt wird diese Tat,
Gleich jener, da mit Äxten
Man eindrang in den dichten Hain,
6. Und nun das Schnitzwerk alle
Mit Beil und Hammer niederschlug.“
7. Legten Feuer an, in deinem Heiligtume;
Entweihten deine Residenz, der Erde gleich.
8. Im Herzen wähnen sie: wir unterdrücken alles.
Alle Stiftungshäuser Gottes
Sind nun verbrennt im Lande.
9. Vorbedeutungszeichen werden uns nicht mehr;
Hier ist kein Prophet, niemand weiß wie lange?
10. Wie lange, Gott! der Feind soll schmähn!
Der Widersacher deinen Namen lästern?
11. Warum du deine Hand, die Rechte
Deinem eignen Schoße ganz entziehst?
12. Dennoch ist es Gott, mein König vormals,
Der alles Heil noch itzt auf Erden wirkt.
13. Durch deine Kraft zertrennest du das Meer;
Du zerschlägst das Haupt der Meeresungeheuer;
14. Du zerschmetterst die Köpfe der Krokodile,
Gibst sie zur Kost dem Volke in der Wüste.
15. Du öffnest Quellen, öffnest Bäche;
Du lässest ewige Ströme versiegen.
16. Dein Werk ist Tag, und Nacht dein Werk;
Du setztest Licht und Sonne ein!
17. Du stelltest fest der Erden Grenzen;
Du erschufest Dürre und Frost!
18. Bedenk es, welch ein Feind den Ewgen schmäht!
Welch niederträchtig Volk dir trotzet!
19. Gib jedem Raubtier nicht dein Turteltäubchen preis!
Dein gequältes Tierchen
Wollest du nicht ganz vergessen!
20. Schau auf deinen Bund!
Denn Räuberhöhlen voll
Sind jene düstre Gegenden der Erde.
21. Ach! laß den Zerknirschten nicht beschämt entweichen!
Daß deinen Namen preisen Arme und Bedürftige!
Auf! Gott! o führe deine Sache!

22. Bedenk die Schmach, die täglich dir
Von Niederträchtgen widerfährt.
23. Vergiß des Ungestüms der Feinde nicht!
Deiner Widersacher Toben
Nimmt unaufhörlich zu.

LXXV.

1. Dem Sangmeister, Vertilge nicht; ein Psalm Assaphs zum Singen.

2. Wir danken, Gott! wir, danken dir!
Daß deine Majestät uns nahe sei;
Verkünden deine Wunder.
3. „Zum Zeitpunkt, den ich mir ersah,
Werd' ich Gerechtigkeit ausüben.
4. Laßt Erdball und Bewohner schwanken;
Ich stelle seine Säulen fest.
5. Spreche zu den Tobenden: tobet nicht!
Zu den Gottlosen: hebt das Horn nicht hoch!
6. Hebt nicht euer Horn himmelan!
Trotzt, mit starrem Halse, nicht so sehr!"
7. Denn nicht vom Aufgang, nicht vom Niedergang,
Auch von der Wüste nicht, wirds kommen;
8. Nein, Gott ist Richter! niedrigt diesen, hebt jenen.
9. Der Herr hat einen Becher in der Hand.
Rot ist der Wein, doch voller Mischung,
Der edle Saft fleußt über;
Doch Frevler trinken, bis zur Neige,
Die Hefen aus.

10. Unaufhörlich tönt mein Lied,
Mein Saitenspiel vom Gotte Jakobs;
11. Verkürzt das Horn der Frevler,
Auf daß der Redliche sein Horn erhebe.

LXXVI.

1. Dem Sangmeister auf Neginoth. Ein Psalm Assaphs, zum Singen.

2. Gott ist durch Juda berühmt;
   Sein Namen groß durch Israel.
3. Zu Salem sein Gezelt,
   In Zion seine Residenz.
4. Daselbst zerbrach er des Bogens Gefieder,
   Schild, Schwert und Kriegesgerüst.
5. O du Mächtiger! verheerender bist du,
   Denn reißender Tiere Gebürge!
6. Den Tapfersten weichet der Mut
   Sie sinken hin in Todesschlaf;
   Kein Held weiß seine Hand zu finden,
7. Von deinem Drohen, Jakobs Gott!
   Eingeschläfert, Kriegsgespann und Roß.
8. O du, Furchtbarer du!
   Zürnest du, wer kann vor dir bestehen?
9. Vom Himmel sprichst du Urteil herab;
   Der Erdball staunt – und schweigt;
10. Wenn Gott sich aufmacht, zum Gericht,
   Die Unterdrückten im Lande zu retten:
11. Denn Menschenwut vermehret deinen Ruhm;
   Mag der Überrest sich rüsten mit Wut!
12. Dem ewigen, euerm Gotte, gelobt ihr und bezahlt;
   Alle, die ihr um ihn seid!
   Führt der Ehrfurcht Gaben zu!
13. Er mähet ab den Mut der Fürsten;
   Den Erdenkönigen entsetzlich!

LXXVII.

1. Dem Sangmeister auf Jeduthun. Ein Psalm Assaphs.

2. Meine Stimme zu Gott! ich schreie empor;
   Meine Stimme zu Gott auf; ach höre mich!

3. Ich suche, Gott! in meiner Not umher;
Meine Hand ist ausgestreckt
Des Nachts, und läßt nicht ab;
Mein Gemüt verweigert Trost.
4. Ich denk' an Gott, und bin betrübt;
Ich sinne nach; verschmachte.
5. Meine Augen starren offen:
Zerschmettert, sprachlos,
6. Überleg' ich alte Zeiten,
Der Vorwelt Jahre;
7. Erinnre Nachts mich meines Saitenspiels;
Unterrede mich mit meinem Herzen;
Mein Geist forscht hin und her:
8. „Wird ewiglich der Herr verstoßen,
Und keine Gnade mehr erzeigen?
9. Ist's völlig aus mit seiner Güte?
Hat die Verheißung ganz und gar ein Ende?
10. Hat sein Erbarmen Gott vergessen?
Oder hält der Zorn sein Mitleid auf."
11. Dann denk ich: Flehen steht bei mir;
Ändern in des Höchsten Macht.
12. An Gottes Taten will ich denken;
An deine vorige Wunder denken.
13. Überleg' ich deine Werke,
Sinne deinen Taten nach,
14. Deinem Wandel, Gott! im Heiligen:
Welche Macht ist groß, wie Gott!
15. Du bist der Gott, der Wunder tut;
Hast deine Allgewalt bewiesen.
16. Du hast dein Volk erlöst gewaltiglich;
Die Söhne Jakobs, Söhne Josefs.
17. Dich sahen die Wasser, Gott!
Die Wasser sahn dich – bebten;
Die Meerestiefen tobten.
18. Aus düstern Wolken strömten Güsse;
Die obern Lüfte donnerten,
Deine Pfeile fuhren umher.
19. Deine Donnerstimm' im Wirbel –
Blitz' erleuchteten das Land.
Das Erdreich regte sich, erbebte.

20. Dein Weg ging durch das Weltmeer;
Dein Pfad durch großes Gewässer;
Unkenntlich deine Spur.
21. Wie eine Herde leitest du
Durch Mosche und Aaron dein Volk.

LXXVIII.

1. Unterweisung Assaphs.

Gib acht auf meine Lehre, Volk!
Neigt euer Ohr zu meinen Worten!
2. Ich öffne meinen Mund in Gleichnis;
Laß Denkspruch aus der Vorwelt hören.
3. Was wir vernommen, was wir wissen,
Was unsre Väter kund getan,
4. Verhalten wir nicht ihren Enkeln,
Dem kommenden Geschlechte nicht;
Verkündigen des Ewgen Lob,
Die Macht, die Wunder, die er tat.
5. Er setzte Zeugnis ein in Jakob,
Er gab Gesetz in Israel,
Und unsern Eltern den Befehl,
Den Kindern es bekannt zu machen:
6. Damit das künftige Geschlecht,
Die Enkel, die sie zeugen werden,
Was sie vernommen, weiter lehren,
7. Und setzen ihr Vertraun in Gott;
Vergessen nicht der Allmacht Taten,
Und halten fest an ihr Gebot;
8. Nicht werden ihren Vätern gleich;
Abtrünnig, widerspenstig Volk;
Ein Volk von wankendem Gemüte,
Untreues Sinnes gegen Gott.
9. Die Bogenschützen Ephraims,
Sie kehrten um vom Schlachtgefilde.
10. Sie hielten Gottes Bündnis nicht,
Und lebten nicht nach seiner Lehre.

11. Vergaßen seine großen Taten,
    Wie Wunder, die er ihnen zeigte.
12. Vor ihren Vätern tat er Wunder
    Im Land' Ägypten, Zoans Fluren.
13. Zertrennt das Meer, und führt sie durch;
    Stellt Wasser hin, wie Mauer.
14. Läßt eine Wolke sie des Tages,
    Des Nachts sie lichte Flammen leiten.
15. Zerspaltet Felsen in der Wüste,
    Und tränkt sie, wie aus Meerestiefen.
16. Aus harten Steinen läßt er rieseln;
    Wie Ströme, Wasser fließen.
17. Sie sündgen noch, und sind dem Höchsten
    In dürrem Lande widerspenstig.
18. Verachten Gott in ihren Herzen;
    Verlangen Kost zur Wollust.
19. Sie meistern Gott und sprechen:
    „Kann seine Macht auch reiche Tafel
    In dieser Wüstenei bereiten?
20. Ja, Felsen schlug er, Wasser floß,
    Und Ström' ergossen sich davon.
    Sollt' er auch Speise geben können;
    Und Fleisch verschaffen seinem Volke?"
21. Der Ewige vernahms, ergrimmte,
    Sein Feuer loderte in Jakob,
22. Dieweil sie seiner Macht nicht trauten;
    Nicht harreten auf seine Hülfe.
23. Dem Firmament gebot er zwar,
    Und tat des Himmels Tore auf;
24. Ließ Manna regenen zur Speise,
    Gab ihnen himmlisches Getreide,
25. Daß Engelkost der Mensch genoß;
    Reicht ihnen Unterhalt im Überfluß.
26. Läßt Morgenwind am Himmel weben;
    Erregt durch seine Macht den Südwind.
27. Nun regnet ihnen Fleisch, wie Staub;
    Wie Sand am Meere, Flügelwerk.
28. Es fällt in ihrem Lager nieder;
    Da, wo sie wohnen, allenthalben.
29. Sie aßen, wurden übersatt;

Er ließ sie ihre Wollust büßen.
30. Kaum war die Lust gestillt,
Noch hatten sie die Kost im Munde;
31. Kam Gottes Zorn schon über sie,
Erwürgt die Edelsten von ihnen,
Und legt die junge Mannschaft nieder.
32. Sie sündigten noch immer mehr,
Und glaubten nicht an seine Wunder.
33. In Eitel schwand ihr Leben hin,
In Unbesonnenheit die Zeit.
34. Sie suchten ihn, wenn er sie schlug,
Bekehrten sich, und riefen an.
35. Wohl eingedenk, daß Gott ihr Fels,
Der Höchste ihr Erlöser sei.
36. Doch heuchelten sie mit dem Munde,
Und logen ihm mit falscher Zunge;
37. Ihr Herz war doch nicht fest an ihm;
Sie seinem Bunde noch nicht treu.
38. Allein der Allbarmherzige
Vergab die Missetat,
Vertilgte nicht;
Nahm oft den Zorn zurück,
Ließ seinen Grimm nicht ganz erwachen;
39. Bedachte, daß sie Fleisch nur sind;
Hauch, der vergeht, nicht wiederkehrt.
40. Wie ofte waren sie
Ihm widerspenstig in der Wüste,
In der Einöde ungehorsam?
41. Und setzten Gott auf neue Proben,
Und meisterten den Heiligsten.
42. Sie dachten nicht mehr seiner Macht;
Den Tag nicht, da er sie erlöste;
43. Nicht daß er Zeichen in Ägypten,
Und Wunder tat in Zoans Fluren.
44. Verwandelt ihre Ström' in Blut,
Untrinkbar ward ihr Flüssiges.
45. Ließ allerlei Gewild sie fressen;
Und Krokodile sie verzehren.
46. Er gab dem Erdkrebs ihr Gewächs,
Dem Heuschreck ihre Arbeit hin;

47. Ließ Hagel ihren Weinstock töten,
Und ihre Feigenbäume Frost.
48. Ihr Vieh gab er dem Hagelschlag;
Raubvögeln ihre Herden preis.
49. Ließ seinen Grimm los über sie;
Wut, Zorn und Angst;
Scharen böser Engel.
50. Macht seinem Zorngerichte Bahn,
Versagt ihr Dasein nicht dem Tode,
Übergibt der Pest ihr Leben.
51. Schlägt alle Erstgeburt Ägyptens;
Die Jugendkraft in Hütten Chams.
52. Sein Volk ließ er, wie Schafe, ziehn;
Führt' es, wie Herden, in der Wüsten.
53. Er leitet sicher, nichts erschreckt sie;
Das Meer bedecket ihren Feind.
54. Bringt sie in seine heilge Grenze,
Zum Berg, von seiner Hand erworben.
55. Vertreibt vor ihnen her die Völker;
Teilt Erbe nach der Meßschnur zu,
Und räumet ihre Hütten ein
Den Stämmen Israels, zum Wohnsitz.
56. Allein auch sie versuchten Gott,
Erzürneten den Höchsten,
Und hielten nicht sein Zeugnis.
57. Sie fielen ab gleich ihren Vätern,
Sie wandelten, wie loser Bogen.
58. Erzürnten ihn mit ihren Höhen,
Und reizten ihn mit ihren Götzen.
59. Gott hörte dies; entbrannte,
Verabscheut Israel gar sehr.
60. Verläßt die Residenz zu Schilo;
Das Zelt, da er bei Menschen wohnte.
61. Gibt ins Gefängnis seine Kraft,
In Feindes Hand die Herrlichkeit.
62. Und übergibt sein Volk ins Schwert,
Entrüstet auf sein Eigentum.
63. Die junge Mannschaft fraß das Feuer;
Kein Lied erhebt die junge Braut.
64. Ins Schlachtschwert fallen ihre Priester,

Und keine Witwe weint um sie.
65. Doch, wie vom Schlaf, erwacht der Herr;
So wie ein Held von Weine jauchzend;
66. Schlägt seine Widersacher rücklings,
Teilt ihnen ewge Schande zu;
67. Verwirft dennoch die Hütte Josephs,
Erwählet nicht den Stamm Ephraims.
68. Erwählet Judas Stamm dafür;
Den Berg zu Zion, den er liebet.
69. Baut himmelan sein Heiligtum,
Und gründets gleich dem Erdball, ewig.
70. Erkieset David seinen Knecht;
Entreißt ihn seiner Schafe Hürden;
71. Entführet ihn dem zarten Milchvieh;
Sein Volk zu weiden, Jakobs Stämme,
Und Israel sein Eigentum.
72. Er weidet sie mit Herzens-Treue;
Regieret sie mit weisen Händen.

LXXIX.

Psalm Assaphs.

1. Gott! Heiden dringen in dein Eigentum;
Entweihen deinen heiligen Tempel.
Steinhaufen machen sie aus Salem.
2. Geben deiner Diener Leichnam
Dem Vogel in der Luft zur Speise;
Wilden Tieren deiner Frommen Gebein.
3. Vergießen wie Wasser, ihr Blut,
Um Jerusalem her, und niemand begräbt.
4. Wir sind unsrer Nachbarn Spott,
Angrenzender Völker Hohn und Verachtung.
5. Wie lange noch, o Herr.
Wird dein Unwillen ewig dauern?
Ewiglich dein Grimm, wie Feuer lodern?
6. Geuß deinen Zorn auf jene Barbarn,
Die dich nicht kennen wollen;
Auf Reiche die dich nicht anrufen;

7. Daß sie Jakob so verschlingen
Und seine Wohnungen verheeren.
8. Gedenk uns nicht vergangene Sünden.
Komm uns mit Erbarmen bald zuvor;
Denn wir sind fast dünne worden.
9. Hilf uns Gott! unser Helfer!
Um deines Namens Ehre willen.
Rett' uns, verzeihe unsre Sünden,
Um deines Namens willen!
10. Was sollen die Barbarn sprechen:
Wo ist nun ihr Gott?
O mach' an diesen Barbarn
Vor unsern Augen kund:
Du rächest deiner Diener Blut.
11. Laß zu dir dringen,
Das Seufzen des Gefesselten;
Erhalt, durch deinen starken Arm,
Die zum Tode Geführten!
12. Gib unsern Nachbarn siebenfach zurück,
Die Schmach, womit sie dich verschmähen!
13. Wir, dein Volk, deiner Weide Schafe,
Danken unaufhörlich dir;
Verkünden für und für dein Lob.

LXXX.

1. Ein Psalm Assaphs.

2. Vernimm, o Hirte Israels!
Der du, wie Schafe, Joseph leitest,
Und thronst auf Cherubim, erscheine!
3. Vor Ephraim her, vor Benjamin und Menasse,
Erwecke deine Gewalt,
Und komm, uns beizustehn!

4. Gott! führ' uns zurück!
Laß dein Antlitz leuchten,
So genesen wir.

5. Ewiger! des Weltalls Herr! wie lange
Dampft dein Zorn
Über deines Volk's Gebet;
6. Gibst du Zähren ihm zur Speise,
Zum Getränke Zähren, volles Maßes;
7. Wirfst du unsern Nachbarn
Uns zum Zanke hin?
Des unsre Feinde in sich lachen?
8. Gott des Weltalls!
Führe uns zurück!
Laß dein Antlitz leuchten;
So genesen wir!

9. Aus Ägypten nahmst du einen Weinstock;
Triebst Völker aus, pflanzest ihn ein.
10. Machtest Raum vor ihm,
Daß er feste Wurzel schlug,
Und füllete das Land.
11. Sein Schatten deckte Berge;
Seine Reben, Zedern Gottes!
12. Er treibet Sprößlinge ans Meer;
Senkreben hin bis an den Strom.
13. Warum brichst du seine Mauer nieder,
Daß alles abpflückt, was vorüber gehet?
14. Ihn durchwühlt der Eber aus dem Walde,
Und was sich regt im Felde weidet daran.
15. Gott des Weltalls! wende dich!
Schau vom Himmel! siehe!
Nimm dich dieses Weinstocks an!
16. Erhalte, was deine Rechte eingepflanzt,
Und bring den Zweig empor, den du dir selbst erzogen!
17. Ausgesengt vom Feuer, eingeknickt,
Dein drohend Angesicht
Vertilgt ihn völlig!

18. Laß seine Hand den Mann bedecken,
Deiner Rechten Mann,
Bring den Menschenzweig empor,
Den du dir selbst erzogen hast!

19. Wir weichen nie zurück von dir.
Beleb' uns wieder,
Wir rufen deinen Namen an.
20. Ewiger! der Welten Gott!
Führe uns zurück!
Laß dein Antlitz leuchten;
So genesen wir.

LXXXI.

1. Dem Sangmeister auf der Gittith, vom Assaph.

2. Jauchzet Gotte, unsrer Stärke;
Frohlocket dem Gotte Jakobs!
3. Ergreift das Saitenspiel!
Gebt Pauken her,
Liebliche Harfen mit Psaltern!
4. Blaset am Neumond die Posaune;
Am Feiertage unsres Festes.
5. Es ist Gesetz in Israel;
Verordnung Jakobs Gottes;
6. Zum Zeugnis eingesetzt in Joseph.
Als er über Ägypten auszog,
Hörte ich dessen Sprache,
Den ich nicht gekannt:
7. „Ich nahm die Bürde seiner Schulter ab.
Seine Hände sind des Lastgeschirres los.
8. In der Not riefst du mich an;
Ich half dir aus, erhörte dich,
In Donnerwolken eingehüllt;
Versuchte dich am Wasser Meriba.
9. So höre denn mein Volk! ich zeuge;
O, daß du mir folgtest, Israel!
10. Du sollst nicht haben andre Gottheit,
Keinen andern Gott anbeten.
11. Ich bin der Ewige, dein Gott,
Der aus Ägypten dich geführt.
Tu deinen Mund weit auf, ich füll' ihn.

12. Aber mein Volk gehorchte nicht;
Israel wollte mir nicht folgen.
13. Da ließ ich sie in ihres Herzens Dünkel,
Ließ sie nach ihrem Rate wandeln.
14. Wollte mir mein Volk gehorsam sein;
Israel auf meinen Wegen gehn!
15. Bald würd' ich dämpfen seine Feinde,
Und meine Hand auf seine Widersacher wenden.
16. Die Hasser Gottes müßten bald sich schmiegen;
Sein Wohlstand aber ewig sein;
17. Der Weizen Mark sie speisen;
Sie sättigen aus Felsen Honig!"

LXXXII.

1. Psalm Assaphs.

Gott stehet da in göttlicher Gemeine.
Er richtet mitten unter Erdengöttern.
2. „Wie lange wollt ihr unrecht richten;
Der Schuldigen Person ansehn?
3. Schafft Armen Recht und Waisen?
Erkennt des Elenden, des Dürftigen Unschuld!
4. Errettet Arme und Bedrängte!
Befreit sie aus Ruchloser Hand!"
5. Nein, sie achtens nicht, wollens nicht erkennen:
Wandeln immerhin im Finstern.
So muß des Landes Grundvest wanken!
6. Zwar sprach ich: Götter seid ihr!
Des Höchsten Söhne allzumal!
7. Allein ihr sterbt, wie Menschen;
Ihr fallet hin, Tyrannen alle!

8. Auf! Gott! richte du den Erdball;
Denn du bist Erbherr aller Welt!

LXXXIII.

1. Gesang Assaphs, zum Saitenspiel.

2. Gott, schweige nicht!
Sei nicht so ruhig,
Nicht so stille, Gott!
3. Sieh, wie deine Feinde toben,
Das Haupt erheben deine Hasser;
4. Schmieden heimlich Ränke,
Wider deine Nation;
Ratschlagen wider deine Geschützten;
5. Sprechen: wohlan! wir rotten sie aus;
Kein Volk mehr!
Der Name Israel werde nimmer gedacht!
6. So haben sie im Rat beschlossen,
In ihrem Bunde wider dich;
7. Edoms und Ismaels Hütten,
Moab und die Hagariter:
8. Gebol, Ammon und Amalek;
Philister samt den Bürgern Tyrus.
9. Ihnen trat auch Assur bei,
Ward den Söhnen Lots zum Arme.
10. Tu ihnen, wie den Midianiten,
Wie Sissera, wie Jabin, am Bache Kischon.
11. Geschlagen wurden sie bei Endor,
Und düngeten das Erdreich.
12. Laß ihre Fürsten sein wie Oreb und Seeb,
Wie Sebach und Zalmuna ihre Großen.
13. Die da sprachen: „Gottes Wohnung
Erobern wir für uns;"
14. Gott! wie Wirbel mache sie;
Wie Stoppeln vor dem Winde.
15. Wie Blitz den Wald entzündet;
Wie Flamme auf Gebürgen lodert;
16. Also verfolge sie mit deinem Wetter,
Und ängstige mit deinem Sturme sie!
17. Laßt ihr Gesicht voll Schande sein,
Daß sie dich suchen lernen, Ewiger!

18. Laß sie sich schämen, auf immer bestürzt,
Zu Schanden werden, zu Grunde gehn;
19. Und erkennen, daß du Ewiger! Einziger!
Der Höchste seist in aller Welt!

LXXXIV.

1. Dem Vorsänger, auf der Gittith; von den Nachkommen Korachs, ein Psalm.

2. Wie lieblich sind deine Wohnungen,
Ewiger! des Weltalls Herr!
3. Mein Herz verlanget, schmachtet,
Nach des Ewigen Vorhof,
Wo Geist und Fleisch dem Gott des Lebens jauchzen.
4. Der Vogel fand sein Haus; ein Nest sich die Schwalbe,
Ihre Jungen da zu hegen:
Ich deine Altäre, Herr des Weltalls!
Mein König und mein Gott!

Chor.

5. „Heil den Bewohnern deines Tempels,
Sie preisen dich ohn Unterlaß."
6. Heil dem, der standhaft ist, durch dich!
Dies macht in ihrem Sinn gebahnte Steige.
7. Sie wallen durchs dürre Bacatal,
Und machen es zur Quelle;
Regenguß im Herbst ist ihnen segenreich.
8. So wallen sie von Kraft zu Kraft;
Erscheinen zu Zion vor Gott.

Eine Stimme.

9. Ewiger, Herr der Welt!
Höre mein Gebet!
Vernimm es Jakobs Gott!

10. Schaue auf unser Schild, Gott!
Sieh' auf deinen Gesalbten!
11. In deinem Vorhof ist ein Tag mir
Werter denn sonst tausend.
Lieber auf der Schwelle stehn,
In meines Gottes Haus,
Als wohnen in ruchlosen Hütten.
12. Denn Sonn' und Schild ist Gott, der Ewige;
Holdseligkeit und Ehr' gibt Gott;
Versagt kein Glück dem Redlichwandelnden.

Chor.

13. Ewiger! des Weltalls Herr!
Heil dem, der dir vertraut!

LXXXV.

1. Dem Sangmeister von den Söhnen Korachs, ein Psalm.

2. Vormals liebtest du, Ewiger! dein Land;
Brachtest oft zurück die Gefangenen Jakobs.
3. Deines Volkes Missetat hast du oft vergeben;
Alle seine Sünden oft bedeckt.
4. Vormals zogst du deinen Grimm zurück,
Ließest deines Zornes Glut erlöschen;
5. Ach! tröst' auch uns! Gott! unser Heil!
Laß ab von deiner Ungnade über uns.
6. Willst du ewig mit uns zürnen?
Soll dein Grimm so fortgehn für und für?
7. Wirst du uns nie erquicken wieder;
Daß über dich dein Volk sich freue?
8. Ach Herr! erzeig uns deine Gnade!
Schenk' uns deine Hülfe wieder!

9. Ich horche – was wird er sprechen? Gott der Ewige?
Seligkeit verheißt er seinem Volke, seinen Frommen;
Nur daß auf Torheit nie sie wieder geraten!

10. Ja, denen, die ihn fürchten, ist seine Hülfe nahe,
Herrlichkeit soll wieder in unserm Lande wohnen.

11. Lieb' und Treue werden sich begegnen;
Gerechtigkeit und Heil sich küssen;
12. Aus der Erde Treu aufblühn;
Gerechtigkeit vom Himmel schaun.
13. Auch gibt der Ewige das Gute,
Und unser Erdreich bringet ihr Gewächs.
14. Gerechtigkeit geht vor sich hin,
Auf ihrem Pfade; sichres Schrittes.

LXXXVI.

1. Gebet Davids

1.

Neige, Ewiger! dein Ohr, erhöre mich!
Denn ich bin geplagt und elend.
2. Bewahre meine Seele; denn ich wandle fromm.
Hilf deinem Knecht, o du, mein Gott!
Denn ich vertraue dir.
3. Erbarm dich meiner, Herr!
Denn stets ruf' ich zu dir.
4. Erfreue deines Knechtes Seele;
Denn sie erheb' ich, Ewiger! zu dir;
5. Der du allgütig bist, allvergebend;
Von großer Gnade allen, die dich rufen.

2.

6. Vernimm, o Ewger! mein Gebet!
Merk auf meines Flehens Stimme!
7. Wenn Not mich dränget, ruf' ich dich.
Ah! daß du mich erhörtest!
8. Unter Götterwesen ist dir niemand,
Nichts, Herr! deinen Taten gleich.
9. Alle Völker die du schufst,
Sie kommen einst, und beten an,
Und ehren deinen Namen, Herr!

10. Denn du bist groß, tuest Wunder;
Allmächtiger! Einziger!

3.

11. Lehre, Ewiger! mich deine Wege!
Laß mich in deiner Wahrheit wandeln,
Und deines Namens Ehrfurcht
Mein Herz sich einzig weihn.
12. Daß, Gott! mein Herr! mein ganzes Herz dir danke;
Ewig deinen Namen ehre.
13. Denn deine große Güte waltet über mich;
Du rettest meine Seele
Aus des Abgrunds Tiefe.

4.

14. Gott! es setzen sich die Stolzen wider mich;
Der Tyrannen Haufe steht nach meiner Seele;
Dich haben sie vor Augen nie.
15. Du aber, Herr! Gott! allbarmherzig, allgnädig,
Langmütig und von großer Huld und Treue!
16. Wende dich zu mir! sei mir gnädig!
Stärke deinen Knecht durch deine Allgewalt;
Und hilf dem Sohne deiner Magd.
17. Tue mir zum Heil ein Wunderzeichen:
Daß meine Hasser sehen und sich schämen,
Wie du mir beistehst, Herr! wie du mich tröstest.

LXXXVII.

1. Den Söhnen Korachs, ein Psalm zum singen.

Seine Veste auf heilgen Bergen,
2. Zions Tore liebt der Herr,
Über Jakobs Wohnungen alle.
3. Große Dinge rühmet man
Von dir, Stadt Gottes! Sela.
4. Von Rahab, Babel, meld ich meinen Freunden;
Bezeichne Palestina, Zorr und Mohrenland:
„Jener Mann ward da geboren!“

5. Von Zion aber spricht der Ruhm:
„Wie mancher Mann ward da geboren!“
Er selbst hat den Grund gelegt, der Höchste!
6. Als die Völker Gott verzeichnete,
Schrieb er: Dieser werde hier geboren! –
7. Wie Flötenspiel ertönen
Meine Gedanken alle von dir!

LXXXVIII.

1. Gesang zum Saitenspiel, für die Söhne Korachs. Dem Sangmeister auf Machlath, zum Wettsingen, eine Unterweisung von Hemann dem Esracher.

2. Ewiger! Gott meiner Rettung!
Ich schreie des Tages,
Schreie Nachts zu dir.
3. Ah! laß vor dich kommen mein Gebet!
Neige zu meinem Wehklagen dein Ohr!
4. Denn meine Seele ist satt von Jammer;
Mein Leben nahet sich der Unterwelt.
5. Ich bin in Gruft gesunkenen gleich;
Wie eines Mannes Gestalt, die ohne Kraft,
6. Verlassen, unter Toten wandelt.
Wie Leichen, die im Grabe liegen,
Deren du nimmer gedenkst,
Deiner Hand entrissen.

7. In tiefe Gruft hast du mich eingesenkt,
In öde Finsternis, in Abgrund.
8. Mit deinem Zorne drückest du mich nieder,
Und stürzest deine Wogen herab.
9. Meine Lieben scheuchst du weg von mir;
Machst ihnen mich zum Greuel.
Eingekerkert lieg' ich, komm nicht aus;
10. Meine Gestalt verschmachtet von Kummer.
Täglich ruf' ich, o Ewiger!
Mit emporgehobenen Händen dir zu:

11. „Willst du an Toten Wunder tun?
Werden Abgeschiedene aufstehen? – dir danken?
12. Wird man im Grabe deine Güte rühmen?
Im Verderben deine Treue?
13. In Finsternis erkennen deine Wunder,
Deine Gerechtigkeit
Im Reiche der Vergessenheit?“
14. So schrei ich, Herr! zu dir empor;
Früh dringet mein Gebet vor dich.
15. Warum verwirfst du meine Seele, Herr!
Verbirgst dein Angesicht vor mir?
16. Elend bin ich, schmachte hin von Jugend auf,
Leide deine Schrecken, verzweifle schier.
17. Dein Zorngericht ergehet über mich.
Mich raffen deine Strafen hin.
18. Umgeben mich, wie Fluten immerwährend;
Umringen mich von allen Seiten.
19. Ah! Freund und Nächsten hast du weggescheucht,
Meine Lieben mir entzogen!

LXXXIX.

1. Unterweisung, von Ethan dem Esracher.

2. Immer besing' ich des Ewigen Huld;
Verkünde seine Treue unaufhörlich.
3. Du sprachst (ewig fest steht deine Güte;
Deine Treu unwandelbar im Himmel.)
4. „Mit meinem Auserwählten
Hab' ich einen Bund gemacht;
Meinem Knechte David schwur ich:
5. Dir will ich ewig Samen erhalten;
Deinen Thron erbauen für und für.“
6. Nun preisen deine Wunder die Himmel;
Deine Treu in heiliger Versammlung.
7. Wer in den Wolken gleicht dem Ewigen?
Ist unter himmlischen Mächten, wie er?

Chor I.

8. Gott ist hoch erhaben
Im Rat der Heiligen;
Allen ehrfurchtbar,
Die um ihn sind.

Chor II.

9. Ewiger! der Welten Gott!
Wer ist wie du, mächtig, Gotteskraft!
Deine Wahrheit um dich her.

1.

10. Du herrschest über das stolze Meer;
Steigen seine Wogen, du dämpfest sie.

2.

11. Du schlägst den Übermut zu Boden;
Zerstreuest deinen Feind mit starkem Arme.

1.

12. Dein ist der Himmel, dein die Erde!
Du gründest die Welt, und was sie füllet.

2.

13. Du schufest Mitternacht und Mittag;
Tabor und Hermon jauchzen deinem Namen.

1.

14. Dein ist Arm und Tapferkeit!
Siegreich deine Hand!
Erhaben deine Rechte!

2.

15. Deines Thrones Veste, Recht und Billigkeit.
Güte und Wahrheit stehn vor deinem Antlitz.

1.

16. Heil dem Volke, das Posaunenklang versteht;
Es wallt im Lichte deines Angesichts.

2.

17. Freut täglich sich mit deinem Namen;
Ist stolz auf deine Gerechtigkeit.

1.

18. Denn du bist seines Sieges Ruhm.
Deine Huld hebt unser Glück.

2.

19. Denn unser Schild ist sein, des Ewigen;
Unser König, des Heiligen in Israel.

20. Einst redetest du im Gefecht mit deinen Frommen,
Sprachst: „Einem Helden geb' ich Macht zu helfen,
Erhebe aus dem Volke einen Auserwählten.
21. Erkiese David meinen Knecht;
Salb' ihn mit meinem heilgen Öle;
22. Meine Hand soll ihn erhalten;
Mein Arm ihn stärken;
23. Kein Feind ihn unterdrücken;
Kein Ungerechter überwältigen.
24. Zermalmen will ich seine Widersacher;
Seine Hasser schlagen vor ihm her.
25. Meine Liebe, meine Wahrheit sei mit ihm.
Sein Horn erhebe sich in meinem Namen.
26. Ich stelle seine Hand ans Meer;
An Ströme seine Rechte.
27. Er nenne mich: du mein Vater!
Mein Gott, und meiner Hülfe Hort!
28. Ich setz ihn ein zum Erstgebornen;
Zum Höchsten unter Weltregenten.
29. Bewahr' ihm ewig meine Liebe;
Unverbrüchlich meinen Bund.
30. Erhalt' ihm Samen immerwährend;
Den Thron, so lang' die Himmel da sind.
31. Verlassen seine Kinder meine Lehre,
Und wandeln nicht in meinen Rechten;
32. Entheiligen sie mein Gesetz,
Und übertreten mein Gebot:

33. Ich züchtge mit dem Stabe ihren Abfall,
Mit Geißelschlägen ihre Sünden.
34. Doch ihm entzieh ich meine Liebe nicht,
Ihm laß ich meine Treu nicht fehlen.
35. Ich entweih' nie meinen Bund,
Ändre nicht, was aus meinen Lippen ging.
36. Nun ichs bei meiner Heiligkeit beschwur;
Sollt' ich wohl David täuschen? Nein!
37. Ewig wird sein Samen sein,
Sein Thron, der Sonne gleich, vor mir,
38. Ewig fest stehn, wie der Mond;
Wie jener Zeuge am Firmament, gewiß."

39. Doch nun verstößest du, verwirfst,
Zürnest du mit deinem Gesalbten.
40. Brichst den Bund mit deinem Knechte,
Trittst seine Krone hin zur Erde.
41. Reißest seine Mauren alle ein,
Lässest niederschleifen seine Vesten.
42. Daß ihn beraubet, wer vorüber geht.
Spott ist er seinen Nachbarn worden.
43. Denn du erhebst seiner Feinde Rechte,
Erfreuest seine Widerwärtgen alle.
44. Auch bogst du ein die Schärfe seines Schwertes,
Ließest ihn nicht aufrecht stehn im Streit.
45. Hast seinen reinen Glanz verfinstert,
Und seinen Thron gestürzt zur Erde.
46. Seine Jugendzeit verkürzt,
In Schmach ihn eingehüllt.
47. Wie lange Herr! verbirgst du dich auf ewig?
Soll dein Grimm, wie Feuer ewig brennen?
48. Bedenke! was bin ich?
Was meine höchste Lebenszeit?
Auf welch ein Nichts
Du alle Menschenkinder schufst?
49. Welcher Mann lebt ewig,
Sieht den Tod nicht,
Entkommt der Unterwelt?
50. Wo ist sie hin, die vorige Huld, o Herr!
Die du bei deiner Treue David schwurst?

51. Denke, Herr! an deiner Knechte Schmach;
Die ich in meinem Busen trage,
Von so vielen Völkern allen!
52. Mit der dich deine Feinde höhnen;
Mit der sie höhnen,
Die Fußstapfen deines Gesalbten.

(*Chor*. Die Himmel preisen deine Wunder, u.s.w.)
53. (Gelobt sei der Herr auf ewig, Amen!)

Viertes Buch

XC.

Gebet Mosches, des göttlichen Mannes

1. Herr, unser Zufluchtsort warst du,
Von Menschenalter zu Menschenalter.
2. Ehe denn die Berge gezeugt;
Geschaffen wurden Welt und Erde;
Und von Ewigkeit in Ewigkeit,
Bist du allmächtig!
3. Du führst das Menschengeschlecht bis zur Zerknirschung:
Dann sprichst du: Söhne Adams! kehret wieder!
4. (Denn tausend Jahre sind vor dir
Einem Tage, der gestern verging,
Einer Nachtwache gleich.)
5. Du strömest sie hin: in Schlummer entstehn sie.
Des Morgens, wie wandelndes Gras,
6. Früh blüht es und wandelt;
Am Abend abgehauen und verdorret.
7. So vergehen wir in deinem Zorne;
So schleudert uns dein Grimm dahin.
8. Du stellest unsre Missetat vor dich,
Unsre Heimlichkeit vor deines Angesichtes Licht.
9. Nun schwinden unsre Tage alle, durch deinen Zorn;
Wir bringen unsre Jahre zu, wie ein Geschwätz.
10. Unsre Lebenszeit währt siebenzig Jahr;
Achtzig ist ihr fernstes Ziel,
Und ihr Stolz ist Müh und Kummer:
Schnell abgeschnitten; so fliegen wir hin!
11. Doch wer erkennet deines Grimmes Allgewalt,
Daß er ihn fürchte, so furchtbar du bist?
12. Ach, lehr' uns unsre Tage zählen,
Damit wir weises Herzens sein!
13. Wende dich, Ewiger! ach wie lange!
Sei deinen Knechten wieder gnädig!
14. Erfüll' uns früh mit deiner Huld!
So rühmen wir frohlockend unser Lebenlang.

15. Erfreu' uns nun so lange Zeit, als du uns plagtest;
So viele Jahre wir nur Unglück sahen!
16. Zeige dein erhabnes Werk an deinen Knechten;
An ihren Kindern deine Majestät.

Chor.

17. Unsres Gottes Freundlichkeit
Werde uns beschieden;
So gelinget unsrer Hände Werk.
All unser Tun
Gelinget nur durch ihn.

XCI.

1. Der du im Schirm des Höchsten sitzest,
Und ruhest in der Allmacht Schatten!
2. Gott, meine Burg, und meine Zuversicht;
Der Herr, auf den ich stets vertraue,
3. Er, sag' ich, wird dein Retter sein,
Wenn Netze drohn, wenn Seuchen töten.
4. Mit seinem Fittich deckt er dich;
Dein Schirm ist unter seinen Flügeln:
Seine Treu ist Schild und Harnisch.
5. Erzittre nicht bei nächtlicher Gefahr:
Für Pfeile die des Tages schwärmen:
6. Nicht wenn die Pest im Finstern schleicht:
Nicht wenn am Mittag Seuche wütet.
7. Ob Tausend dir zur Seite fallen,
Und Myriaden dir zur Rechten:
Dir naht kein Unfall sich.
8. Du schaust sie nur mit deinen Augen,
Die Strafe die den Frevler trifft.
9. Denn du hast dein Vertraun auf Gott,
Den Höchsten, meine Zuversicht.
10. Dir kann kein Unglück widerfahren,
Und keine Not sich deiner Hütte nahen;
11. Denn er befiehlt den Himmlischen,
Auf allen Wegen dich zu schützen.

12. Sie müssen dich auf Händen tragen,
    Daß deinen Fuß kein Stein verletze.
13. Du wirst auf Leopard und Otter treten;
    Zerdrücken Löwenbrut und Drachen.
14. „Denn er begehret mein, drum rett' ich ihn:
Ich heb' ihn hoch empor; denn er erkennet mich.
15. Er ruft mich an, ich höre, bin in der Not bei ihm;
Entreiß ihn der Gefahr, und setz ihn hoch in Ehren.
16. Des langen Lebens satt,
Soll er mein Heil erblicken."

XCII.

1. Psalmlied für den Sabbat.

2. Lieblich ists, dem Ewgen danken;
    Höchster! deinem Namen singen!
3. Des Morgens deine Güte rühmen,
    Des Abends deine Vatertreue;
4. Unter Saitenspiel und Psalter,
    Zum Denken von der Harf' erweckt.
5. Herr! deine Werk' ergötzen mich!
    Fröhlich sing' ich deine Taten.
6. Wie groß sind deine Taten, Herr!
    Wie tief die göttlichen Gedanken!
7. Die Unvernunft sieht das nicht ein:
    Undenkende begreifen nicht;
8. Wenn Frevler grünen gleich dem Grase;
    Wenn alle Übeltäter blühn:
    Damit sie ewig untergehen.
9. Denn du bist ewiglich erhaben, Gott!
10. Sieh' deine Feinde, Herr!
    Deine Feinde kommen um;
    Übeltäter fahren hin;
11. Aber wie des Waldstiers Krone,
    Steigt mein Horn empor:
    Mein Alter glänzt von frischem Öle.

12. Ich sehe Lust an stolzen Neidern;
Ich höre Lust an Übeltätern,
Die wider mich sich setzen.
13. Der Fromme grünt, wie Palmenwipfel.
So schießt die Zeder Libanons empor!
14. Was im Hause Gottes steht;
Was in seinem Vorhof grünet;
15. Muß noch im höchsten Alter blühn,
Immer frisch und saftvoll bleiben;
16. Muß lehren, daß der Herr gerecht,
Mein Hort, ohn' allen Tadel sei.

XCIII.

1. Der Herr ist König, herrlich geschmückt;
Der Herr hat sein Gewand, die Majestät,
Angelegt und fest umgürtet:
So steht sie da, die Welt, und wanket nie!
2. Unerschüttert steht dein Thron seitdem:
Du selbst von Ewigkeit her!
3. Wasserströme, Herr! erheben;
Wasserström' erheben ihr Ungestüm,
Die Ströme heben die Wellen empor.
4. Erhabner als der Fluten Getöse,
Brausen die Wogen des Weltmeers:
Erhabner noch ist Gott in jener Höhe.
5. Dein Zeugnis bleibet immer treu;
Deinen Tempel zieret Heiligkeit,
O Herr! auf ewige Zeit!

XCIV.

1.

1. Gott der Rache, Jehovah!
Der Rache Gott! erscheine!
2. Erhebe dich, Richter der Erde!
Vergilt den Stolzen nach Verdienst.

3. Wie lange sollen Frevler, Herr!
Sollen Frevler triumphieren?
4. Frechheit sprudeln, trotzen,
Sich rühmen alle Übeltäter?

2.

5. Sie zerschlagen, Herr! dein Volk;
Sie unterdrücken dein Eigentum;
6. Erwürgen Witwe und Fremdling,
Ermorden die Verwaisten;
7. Und sprechen: der Herr siehts nicht.
Gott Jakobs merkt nicht drauf.
8. O denkt ihm nach, ihr Albernen im Volke!
Ihr Toren, wenn werdet ihrs begreifen?

3.

9. Soll der nicht hören, der das Ohr eingesetzt?
Nicht sehen, der das Auge bildet?
10. Nicht strafen, der die Heiden züchtiget? –
Der dem Menschen Einsicht gibt,
11. Der Ewige weiß der Menschen Tüchten;
Wiewohl es eitel ist.

4.

12. Heil dem Manne den du züchtigest,
Und lehrst durch dein Gesetz,
13. Gelassen sein in böser Zeit,
Bis dem Bösewicht die Gruft bereitet sei.
14. Denn Gott verstößt sein Volk nicht,
Verlässet nicht sein Eigentum.
15. Das Recht kehrt zur Gerechtigkeit zurück,
Und redliche Herzen ihm nach.

5.

16. Wer tritt für mich auf wider Frevler?
Wer steht mir wider Übeltäter bei?
17. O wäre nicht der Herr mein Helfer,
Ich wohnte schier im Reich der Stille.
18. Denk ich schon, itzt wankt mein Fuß;
So hält mich deine Gnade, Herr!

19. Häuft sich Bekümmernis in mir;
    Dein Trost ergötzet meine Seele.

6.

20. „Ist ungerechter Stuhl mit dir vereint,
Der Unheil schmiedet auf Gesetz?
21. Laß sie sich rotten wider Gerechten;
Laß sie verdammen schuldlos Blut:
22. Mir ist hohe Burg der Ewige;
Mein Gott mir Schutzfels.
23. Der kehrt ihr Unrecht auf ihr Haupt,
Vertilgt in ihrer Bosheit sie."

Sie vertilgt der Ewige, unser Gott!

XCV.

1. Auf! laßt uns dem Ewgen jauchzen,
    Frohlocken unserm Hort und Retter;
2. Mit Dankgesang vor ihm erscheinen!
    Beim Saitenspiel ihm laut frohlocken!
3. Der Ewige ist ein großer Gott;
    Ein großer König über alle Götterwesen.
4. Der Erden Schätze sind in seiner Hand,
    Der Berge Gipfel sind sein.
5. Sein ist das Meer – er schuf es.
    Das Trockne, seiner Hände Werk.
6. Anbeten laßt uns, niederfallen,
    Hinknien vor dem Ewgen unserm Schöpfer.
7. Er ist unser Gott, wir seiner Weide Volk,
    Herde seiner Hand;
    Noch heute so ihr ihm gehorcht.

(Gott.)

8. Verstockt nicht euern Sinn, wie zu Meriba,
    Am Tage der Versuchung in der Wüste.
9. Da euere Väter mich versuchten,
    Mich prüften, schon sie meine Taten sahen.

10. Vierzig Jahr verwarf ich dies Geschlecht;
Und sprach: es ist irrsinnig Volk;
Will meine Wege nicht erkennen.
11. In meinem Zorne schwur ich da:
Nie gehen sie in meine Ruhe ein.

XCVI.

1. Singet neues Lied dem Herrn!
Singt dem Herrn alle Welt!
2. Singt dem Herrn! lobt seinen Namen!
Verkündet Tag für Tag sein Heil!
3. Erzählet unter Heiden seinen Ruhm;
Unter allen Völkern seine Wunder.
4. Denn groß ist Gott, und hoch gepriesen,
Und ehrfurchtswert ist er;
Hoch über alle Götterwesen!
5. Götzen sind der Heiden Götter alle:
Der Ewge hat die Himmel geschaffen.
6. Vor ihm ist Majestät und Pracht,
In seinem Heiligtum Triumph und Schöne.
7. Bringt dem Herrn, ihr Heidengeschlechter!
Bringt dem Herrn Ruhm und Triumph!
8. Bringt dem Herrn seines Namens Ruhm!
Betretet seinen Vorhof mit Geschenken!
9. Betet ihn an, in festlichem Schmuck!
Bebet, alle Welt! vor ihm.
10. Singet unter Heiden:
Der Herr ist König!
Fest steht die Welt,
Und wanket nie.
Er richtet Völker gerecht!
11. Himmel freue dich!
Erde sei fröhlich!
Es brause das Meer,
Und was es enthält!
12. Wonnevoll sei Flur,
Mit allem, was drauf ist;
Es jauchzen alle Bäume des Waldes.

13. Vor dem Herrn! – Er kommt!
Er kommt und richtet den Erdball,
Richtet den Weltkreis gerecht,
Nach seiner Treue, die Völker!

XCVII.

1.

1. Der Herr regiert; froh ist das Erdreich,
Fröhlich die großen Eilande.
2. Um ihn her ist Wolken und Dunkel,
Seines Thrones Veste, Recht und Gerechtigkeit.
3. Feuer wallet vor ihm her,
Entzündet um und um die Feinde.

2.

4. Seine Blitze erleuchten die Welt.
Der Erdball siehts, und zittert.
5. Berge zergehn wie Wachs, vorm Herrn;
Vor des ganzen Erdreichs Herrscher.
6. Die Himmel verkünden seine Gerichte,
Alle Völker schauen seine Herrlichkeit.

3.

7. Beschämt sind alle Bilderdiener;
Die sich ihrer Götzen rühmten:
Alle Götter beugen sich vor ihm.
8. Zion hörts und freuet sich;
Fröhlich sind die Töchter Juda,
Ob deiner Richtersprüche, Herr!
9. Denn, Herr! du bist in aller Welt der Höchste;
Über alle Götter hoch erhaben.

4.

10. Freunde Gottes! haßt das Arge;
Er schützet seiner Frommen Leben:
Rettet sie aus Frevler Hand.

11. Licht geht dem Frommen auf,
Freude treugesinnten Herzen.
12. Freut euch, Redlichen! des Herrn;
Danket seinem heilgen Namen!

XCVIII.

1. Psalm.

Singt ein neues Lied dem Herrn,
Denn er hat Wunder getan.
Sieg errang ihm seine Rechte,
Sein heiliger Arm.
2. Der Herr hat seine Hülfe kund getan,
Gerechtigkeit vor Heiden offenbart.
3. War eingedenk der Liebe und Treue,
Dem Hause Israels.
Da sahn unsres Gottes Hülfe,
Die Enden aller Welt.
4. Jauchzt dem Herrn, alle Welt!
Frohlocket, singet, spielet!
5. Schlagt an das Harfenspiel, dem Herrn!
Laßt Harfenklang und Psalter,
6. Trommeten und Posaunenschall,
Vorm Herrn, dem Könige, ertönen!
7. Es stürme das Meer, und was es enthält,
Der Erdkreis und die ihn bewohnen!
8. Ströme rauschen Händeklopfen!
Berge jauchzen Wettgesang:
9. Vorm Herrn! Er kommt den Erdball zu richten.
Richtet den Weltkreis nach Recht,
Nach Billigkeit die Völker.

XCIX.

1\. Der Herr regiert – Heiden zittern!
Thront auf Cherubim. – Die Erde schwanket!
2\. Groß ist der Ewige zu Zion!
Erhaben über alle Völker.
3\. Sie huldgen deinem Namen,
(Großer, Ehrfurchtbarer!
Heilig ist er!)
4\. Dem Reich des Königs, der Gerechtigkeit liebt.
Du hast Gerechtigkeit auf festen Fuß gesetzt;
In Jakob Billigkeit und Recht verordnet.

Chor.

5\. Erhebt den Ewgen, unsern Gott!
Betet an vor seiner Füße Schemel!
Heilig ist er!

6\. Mosche und Aaron unter seinen Dienern;
Schmuel unter seinen Namenslehrern,
(Die er erhört, wenn sie ihn rufen.)
7\. Aus der Wolkensäule redte er mit ihnen:
Sein Zeugnis nahmen sie in acht,
Und das Gesetz, das ihnen er gegeben.
8\. Herr! unser Gott! du erhörtest sie,
Warst ihnen, Gott! Vergeber,
Und Bestrafer ihrer Übertretung.

Chor.

9\. Erhebt den Herrn, unsern Gott!
Fallt hin, zu seinem heilgen Berge!
Denn unser Gott, der Herr ist heilig.

C.

1. Psalm, beim Dankopfer.

Jauchzt dem Herrn, alle Welt!
2. Dient dem Herrn mit Freuden!
Kommet mit Frohlocken vor ihn!
3. Erkennet, daß der Ewge Gott ist!
Er schuf uns, wir sind sein;
Sein Volk, die Herde seiner Weide.
4. Geht zu seinen Toren ein, mit Dank;
Mit Lobgesang zu seinem Vorhof.
Dankt ihm, lobet seinen Namen!
5. Denn gütig ist der Herr,
  Ewig seine Gnade,
  Seine Treue für und für.

CI.

1. Psalm Davids.

Von Güte sing' ich, von gerechtem Wandel.
  Dir weih' ich, Ewiger! mein Saitenspiel!
2. Ich denk' ihm nach, dem Wege der Vollendung;
  Wie leb' ich, daß du zu mir kommest?
  Ich will in Herzens-Unschuld wandeln,
  Im Innern meines Hauses;
3. Vor meinen Augen dulden nichts,
  Das niederträchtig ist.
  (Verwildert Leben haßt ich stets,
  Dem hang' ich so nicht nach.)
4. Arglistige will ich entfernen;
  Kein Böser sei mein Günstling.
5. Wer heimlich seinen Freund verleumdet,
  Verwirket meine Gunst.
  Wer trotzig schaut, wen Hochmut bläht,
  Ist unerträglich mir.

6. Mein Auge sieht auf Redliche,
Die setz ich neben mir.
Wer auf vollendtem Wege wandelt,
Der soll mein Diener sein.
7. Den heg' ich nicht in meinem Hause,
Der Trug und Falschheit übt.
Nie soll gedeihn vor meinen Augen
Ein Mann der gerne lügt.
8. Mit jedem Morgen treib' ich aus,
Des Landes Bösewichter;
Verbanne aus der Stadt des Herrn,
Die Übeltäter alle.

CII.

1. Gebet eines Leidenden, der in sich gehüllt, vor dem Herrn seine Klage ausschüttet.

1.

2. Ewiger! erhöre mein Gebet!
Laß zu dir kommen meine Klage.
3. Verbirg dein Antlitz nicht vor mir!
Neige mir dein Ohr, wenn Angst mir ist.
Wann ich flehe, erhör mich bald!

2.

4. Denn im Rauch verschwinden meine Tage;
Wie Feuerbrand verglimmet mein Gebein.
5. Mein Herz verwelkt, wie abgemähet Gras.
Ich denke kaum der Speise mehr.
6. Vor lautem Weheklagen,
Klebt die Haut mir am Gebein.

3.

7. Dem Pelikane gleich' ich in der Wüste;
Dem Uhu in verödetem Gemäuer.
8. Wache wie der Nachtvogel,
Einsam auf dem Dache.

9. Die Feinde höhnen schadenfroh,
Und schwören sich bei meinem Falle zu.

4.

10. Asche esse ich, wie Brot;
Mische meinen Trank mit Tränen;
11. Vor deinem Zorn, vor deinem Fluche:
Denn hoch hubst du mich auf, und warfst mich hin.

5.

12. Wie Schatten schwanden meine Tage;
Ich welke hin, wie Gras.
13. Du aber, Herr! du thronest ewig!
Dein Ruhm bleibt für und für.
14. Du machst dich auf, erbarmst dich Zions,
Wenn Zeit und Stunde da ist,
Daß du ihr gnädig seiest.
15. (Deine Diener lieben ihre Steine;
Denken ihres Staubes wehmutsvoll.)

6.

16. Dann ehren Heiden deinen Namen, Herr!
Und alle Könige der Erde deine Majestät.
17. „Der Herr hat Zion aufgebaut;
Zeigt sich in seiner Herrlichkeit.
18. Er wandte sich zum Flehen der Verlaßnen,
Verwarf nicht ihr Gebet.
19. Man schreib' es für die Nachwelt auf;
Daß künftig Volk dem Herrn lobpreise.
20. Er schaut von seiner heilgen Höhe;
Vom Himmel blickt der Herr auf Erden.
21. Erhört das Ächzen der Gefesselten;
Macht los zum Tod Verdammten."

7.

22. So wird des Ewgen Ruhm in Zion,
Sein Lob besungen in Jerusalem;
23. Wenn Völker einst sich sammeln,
Und Reiche einig sind, dem Herrn zu dienen.
24. Erlieget auf dem Wege meine Kraft:
Sind meine Tage abgekürzt;

25. So fleh' ich: Gott! ach nimm mich nicht
In meiner Tage Hälfte weg!
Ewigkeiten währen deine Jahre!

8.

26. Der Erdball, den du ehedem gegründet;
Die Himmel, deiner Hände Werk;
27. Sie vergehn – du bleibst.
Veralten, wie Gewand;
Du wechselst sie, sie wechseln.
28. Du aber bleibst derselbe,
Unvergänglich deine Jahre.
29. Kinder deiner Diener
Werden noch das Land bewohnen;
Ihr Samen noch vor dir gedeihn.

CIII.

1. Vom David.

Meine Seele benedeie dem Herrn;
All mein Inniges seinen heiligen Namen!
2. Meine Seele benedeie dem Herrn!
Vergiß nicht aller seiner Wohltat.
3. Er vergibt dir alle deine Sünden;
Und heilt deine Krankheiten alle.
4. Erlöst vom Untergang dein Leben;
Krönt dich mit Liebe, mit Barmherzigkeit.
5. Er sättigt deinen Schmuck mit Seligkeit;
Macht daß du dich, dem Adler gleich, verjüngst.
6. Er schafft Gerechtigkeit, der Ewige!
Gericht den Unrechtleidenden.
7. Mosen zeigt' er seine Wege;
Den Söhnen Israels sein Tun.
8. Allbarmherzig ist der Herr, allgnädig;
Langmütig und von großer Güte.
9. Er wird nicht unaufhörlich hadern;
Nicht ewiglich nachtragen seinen Groll.

10. Er handelt nicht mit uns nach unsern Sünden;
Vergilt uns nicht nach unsrer Missetat.
11. So hoch der Himmel ist über der Erde,
Waltet seine Liebe über seine Verehrer.
12. So fern der Morgen ist vom Abend;
Entfernt er unsre Schuld von uns.
13. Wie Väter ihrer Kinder sich erbarmen,
Erbarmt der Herr sich seiner Verehrer.
14. Denn er kennet unsre Bildung;
Ist eingedenk, daß wir nur Staub sind.
15. Des Menschen Leben ist, wie Gras;
Er blüht, des Feldes Blume gleich.
16. Haucht sie ein Lüftgen an, so ist sie hin,
Und ihre Stätte kennet sie nicht mehr.
17. Aber Ewigkeit hindurch bleibt Gottes Güte,
Denen, die ihn fürchten; Sein Wohltun Kindeskindern,
18. Wenn sie halten seinen Bund,
Gedenken sein Gebot, darnach zu tun.
19. Der Herr hat seinen Thron im Himmel festgestellt,
Und seine Herrschaft waltet über alles.
20. Benedeit dem Herrn! ihr seine Engel!
Heldenkräfte die ihr ihm gehorchet;
Vollstrecket, was sein Wort gebietet!
21. Benedeit dem Herrn! ihr seine Heere!
Seine Diener, die ihr seinen Willen tut!
22. Benedeit dem Herrn! ihr seine Werke alle!
An allen Orten seiner Herrschaft.
Benedeie meine Seele dem Herrn!

CIV.

1. Meine Seele benedei dem Herrn!
Herr, mein Gott! du bist sehr herrlich;
Majestät und Schöne dein Gewand.
2. Der Licht umhüllt, wie einen Mantel;
Die Himmel spannt, wie einen Teppich.
3. Der seine Söller wölbt mit Wasser;
Der Wolken macht zu seinem Wagen,
Und fährt auf Fittichen des Windes.

4. Der Winde nimmt zu seinen Boten;
Zu seinen Dienern Feuerflammen.
5. Er hat den Erdball auf sich selbst gegründet,
Daß er in Ewigkeit nicht wanke.
6. Die Tiefen decktest du, wie mit Gewand,
Und auf den Bergen steht Gewässer.
7. Dann floh's vor deinem Drohen,
Bebte hin, vor deiner Donnerstimme.
8. Hub sich in Berge, sank in Täler,
Dem Orte zu, den du beschiedest.
9. Nie überschreitet es von dir gesetzte Grenzen,
Nie kehrts zurück das Erdreich zu bedecken.
10. Du ließest Quellen sich in Bäch' ergießen;
Sie fließen zwischen Bergen fort,
11. Tränken alles Wild des Feldes;
Waldesel löschen ihren Durst.
12. Der Lüfte Vögel über ihnen
Singen unterm Laub hervor.
13. Die Berge wässerst du aus deinen Söllern.
Frucht, die du schaffest, sättiget das Land.
14. Du lässest Gras dem Viehe wachsen,
Und Saat durch Menschenarbeit;
Aus dem Erdreich Speise zu erziehn:
15. Auch Wein, der fröhlich macht des Menschen Herz,
Und Öl, das sein Gesicht erheitert:
Da Brot des Herzens Kräfte nähret.
16. Saftvoll stehn des Ewgen Bäume;
Libanons Zedern, die er selbst gepflanzt.
17. Daß sich das Federwild dort niste;
Auf Tannen sein Gehäus der Habicht baue.
18. Hohe Berge sind für Gemsen,
Steinklüfte Zuflucht für Kaninchen.
19. Er schuf den Mond, die Zeiten einzuteilen,
Die Sonne die das Ziel kennt ihrer Bahn.
20. Bringet Finsternis; es wird Nacht.
Da schwärmt Gewild umher.
21. Nach Raube brüllen junge Löwen,
Verlangen Speise von der Gottheit.
22. Die Sonne erscheint – sie heben sich davon,
Und lagern sich in ihre Höhlen.

23. Dann geht der Mensch zu seiner Arbeit;
Zu seinem Tagewerk, bis Abend.
24. Wie groß, wie viel sind deine Werke, Herr!
Alle hast du sie mit Weisheit angeordnet;
Die Erd' ist voll von deinen Gütern.
25. Jenes Weltmeer – groß und weit umfassend –
Da wimmelt's ohne Zahl von Leben,
Von Tieren, groß und klein.
26. Da wandeln Schiffe, webt das Ungeheuer,
Das du schufst darin zu scherzen.
27. Alles hofft auf dich, erwartet
Daß du ihm Speise gebest, in der Zeit.
28. Du gibst, sie sammeln; öffnest deine Hand,
So werden sie mit Gut gesättiget.
29. Du wendest weg dein Angesicht – sie schwinden;
Nimmst ihren Odem hin, und sie vergehen
In ihren vor'gen Staub zurück.
30. Du sendest deinen Odem aus, sie entstehn.
So verjüngst du wieder die Gestalt der Erde.

31. Ewig währt des Ewgen Ruhm!
An seinen Werken hat er Wohlgefallen.
32. Er schauet die Erde an – sie bebet;
Berührt Gebirge – sie verrauchen!

33. Mein Lebenlang will ich dem Herrn singen,
Meinem Gotte, weil ich da bin, tönen.
34. (O möcht' ihm mein Gedicht gefallen!)
Ich freue mich nur meines Herrn.
35. Daß sie vergingen, von der Erd, die Sünder!
Daß Gottesleugner nicht mehr seien!
Meine Seele benedei dem Herrn!
Hallelujah!

CV.

1. Dankt dem Herrn! verkündet seinen Namen!
   Macht den Völkern seine Taten kund!
2. Singet, rührt ihm Saitenspiel!
   Unterhaltet euch von seinen Wundern!
3. Rühmt euch seines heilgen Namens,
   Daß sich das Herz der Gottesverehrer freue!
4. Sucht den Herrn, sucht seinen Schutz!
   Fleht vor seinem Angesicht unaufhörlich!
5. Denkt der Wunderwerke die er tat,
   Bestrafungszeichen, Sprüche seines Mundes.
6. Nachkommen seines Knechtes Abrahams!
   Kinder Jakobs, seine Auserwählten!
7. Er, der Ewige, ist unser Gott;
   In aller Welt geht sein Gericht.
8. Ewig denkt er sein Verheißen;
   Seinen Bund dem tausendsten Geschlecht.
9. Bund, mit Abraham gestiftet,
   Eid, dem Isaak zugeschworen,
10. Setzte er Jakob ein zum Rechte:
   Israel zum ewiglichen Bunde.
11. „Dir, sprach er, geb' ich Kanaan,
   Das Land zu eurem Erbgut ein."
12. Noch waren sie von geringer Anzahl,
   Winzig noch, und fremd im Lande.
13. Zogen aus von Volk zu Volk,
   Von diesem Reich, zu jener Nation.
14. Keinen ließ er sie bedrücken;
   Züchtigt ihrentwegen Könige.
15. „Tastet meine Gesalbten nicht an!
   „Tut meinen Propheten kein Leid!"
16. Rief der Hungersnot ins Land;
   Brach des Brotes Stab und Stütze.
17. Sandte einen Mann vor ihnen her;
   Joseph ward zum Knecht verkauft.
18. Da zwungen seine Füße sie in Stock;
   Seinen Leib in Eisen eingeschmiedet.
19. Bis zur Zeit da die Verheißung eintraf:
   Wort des Herrn, das ihn prüfte.

20. Ließ einen König ihn entfesseln;
Der Völker Oberherrn ihn befrein.
21. Der setzt ihn ein, zum Herrn des Hofes;
Zum Verweser aller seiner Güter.
22. Fürsten Zucht durch ihn zu lehren,
Seinen Räten Klugheit mitzuteilen.
23. Dann zog Israel hin nach Ägypten;
Jakob lebte im Lande Cham als Fremdling.
24. Er aber ließ sein Volk sehr wachsen,
Und seinen Feinden viel zu mächtig sein.
25. Und wandte jener Herz, sein Volk zu hassen,
Mit Hinterlist zu dämpfen seine Treuen.
26. Dann sandt' er Mosche, seinen Knecht,
Und Aaron, den er auserkoren.
27. Die taten unter ihnen seine Zeichen,
In Chams Gefilden Wunderstrafen.
28. Er rief der Finsternis, sie kam; –
Nichts war seinem Worte ungehorsam.
29. Ihr Wasser wandelt' er in Blut,
Daß ihre Fische alle starben.
30. Frösche wimmelte ihr Land heraus,
Bis in ihrer Könige Paläste.
31. Er sprach – und Schwärme von Gewild,
Und Ungeziefer füllten ihre Grenzen.
32. Zum Regen gab er ihnen Hagel,
Und Feuerstrahl in ihrem Lande.
33. Schlug ihren Weinstock, ihren Feigenbaum;
Zerbrach das Baumgewächs in ihren Grenzen.
34. Er sprach – Heuschrecken kamen,
Und Käfer ohne Zahl,
35. Und fraßen alles Kraut im Lande,
Und fraßen alle Frucht der Felder.
36. Schlug alle Erstgeburt des Reichs,
Ihrer Kräfte Erstlingsfrucht.
37. Führt seine Stämme aus, mit Gold und Silber.
Da blieb kein Schwächlicher zurück.
38. Ihres Abzugs war Ägypten froh;
Denn ihre Furcht war über sie gefallen.
39. Er breitete zur Decke eine Wolke, –
Des Nachts ein Feuer aus, zu leuchten.

40. Sie flehten, er ließ Wachteln kommen,
    Und sättigt sie mit Himmelskost.
41. Öffnete den Fels, daß Wasser floß;
    In dürrer Wüste lief ein Bach.
42. Denn er dachte an sein heilig Wort,
    Zu seinem Diener Abraham geredet.
43. So führt er aus sein Volk mit Wonne;
    Mit Frohlocken seine Auserwählten.
44. Gab ihnen ein der Heiden Länder,
    Ließ sie den Fleiß der Nationen erben.
45. Auf daß sie halten seine Rechte,
    Bewahren seine Lehren. Hallelujah!

CVI.

1. Hallelujah!

Dankt dem Herrn, denn er ist freundlich:
    Ewig währet seine Güte.
2. Wer spricht des Ewgen Allmacht aus?
    Verkündet all sein Lob?
3. Wohl dem, der die Gebote hält,
    Und tut, was Recht ist, immerdar!
4. Ah, Herr! gedenk auch meiner,
    Wenn deinem Volke Gnade widerfährt;
    Erfreu auch mich, mit deinem Heile!
5. Daß ich die Wohlfahrt deiner Auserwählten sehe;
    Teil nehme an der Freude deines Volks;
    Und deines Eigentums mich rühme!
6. Ach! wir sündigten samt unsern Vätern;
    Mißhandelten und frevelten!
7. Schon in Ägypten achteten
    Wir die Wunder unsrer Väter nicht.
    Sie dachten nicht an deine große Güte;
    Empörten sich am roten Meer.
8. Um seines Namens willen half er ihnen,
    Um seine Allmacht kund zu tun.
9. Er schalt dem Schilfmeer – es versiegte.
    Durch Tiefen führt er sie, wie in der Wüste;

10. Befreit sie von des Hassers Hand,
Errettet sie von Feindes Macht.
11. Fluten deckten ihre Widersacher,
Nicht einer, der entkam –
12. Da glaubten sie an seine Worte,
Und sangen Lobgesang.
13. Doch sie vergaßen seine Wunder bald,
Und trauten seinem Ratschluß nicht.
14. Wurden lüstern in der Wüste;
Versuchten in Einöden, Gott.
15. Da gab er, was sie forderten,
Die Fülle, bis zur Ekelsucht.
16. Da sie im Lager Mosen kränkten,
Und Aaron, den Geheiligten des Herrn;
17. Tat sich die Erde auf, verschlang Dathan,
Und deckte zu Abirams Rotte.
18. Blitzstrahl fuhr in ihre Rotte;
Glut verzehrte Missetäter. –
19. Auf Horeb machen sie ein Kalb,
Gegoßnes Erzbild anzubeten;
20. Und wandelten Verehrung Gottes
In Bildnis eines Stiers, der Gras verzehrt.
21. Vergaßen ihren Helfer, Gott,
Der in Ägypten große Dinge tat;
22. Wunderwerk im Lande Cham;
Am Schilfmeer schreckenvolle Taten.
23. Und er beschloß sie zu vertilgen:
Wo nicht Moses, sein Geliebter,
Sich in den Riß gestellt vor ihm,
Seinen Grimm zu wenden.
24. Sie verachteten das liebe Land,
Und glaubten seinem Worte nicht.
25. Empörten sich in ihren Zelten,
Und hörten nicht des Ewgen Stimme.
26. Da hub er seine Hand auf, wider sie;
Daß er sie schlüge in der Wüsten,
27. Unter Heiden ihren Samen würfe,
In fremde Länder sie zerstreue. –
28. Sie hingen sich an Baal Pegor,
Aßen Opfer toter Götzen;

29. Und ärgerten mit ihren Werken –
Da riß auch Pest ein unter sie.
30. Doch Pinehas trat zu, und schlichtete;
Da ward die Pest gehemmt.
31. Ihm ward es zum Verdienst gerechnet,
Für seine Nachkunft, ewiglich.
32. Sie regten Zorn am Haderwasser;
Daß Mose ihrentwegen litt:
33. Denn sie erbitterten sein Herz,
Und ihm entfuhren Worte.
34. Auch vertilgten sie die Völker nicht,
Wie doch der Ewige geheißen.
35. Vermischten unter Heiden sich,
Und lernten ihre Sitten.
36. Verehrten ihre Trauergötzen,
Anstoß, der zum Abfall ward.
37. Waldgöttern brachten sie zum Opfer,
Ihre Söhne, ihre Töchter.
38. Unschuldig Blut vergossen sie;
Ihrer Söhne und Töchter Blut,
Die sie Kanaans Götzen opferten.
Mit Blutschuld ward das Land befleckt.
39. Sie selbst verunreint durch ihr Tun,
Durch Unzucht schändliches Verhaltens.
40. Zorn Gottes brennte über seine Nation,
Er hatte Greuel an seinem Eigentum.
41. Er gab sie in die Hand der Heiden;
Ließ ihre Hasser sie beherrschen.
42. Ihre Feinde drückten sie,
Und beugten unter ihrer Hand sie nieder.
43. So oft er sie befreite,
War ihr Beginnen Aufruhr;
Bis ihre Missetat sie tiefgebeugt.
44. Dann sieht er ihre große Not,
Und hört ihr Klaggeschrei,
45. Gedenkt an seinen Bund mit ihnen,
Und ändert seinen Ratschluß;
Nach seiner großen Güte.
46. Erweckt Barmherzigkeit bei allen,
Die sie ins Elend hingeführt.

47. Hilf uns Herr! unser Gott!
Bring uns zusammen aus den Heiden:
So danken wir dem Namen deiner Heiligkeit;
Und rühmen deines Lobes uns.

48. Gelobt sei der Herr, der Gott Israels;
Von Ewigkeit zu Ewigkeit: und alles
Volk spreche, Amen, Hallelujah!

Fünftes Buch

CVII.

1. Dankt dem Herrn, denn er ist freundlich,
   Ewig währet seine Güte!
2. Singen die der Herr erlöset,
   Die er aus der Not errettet;
3. Und von ferne her zusammen bringt,
   Von Morgen, Abend, Mitternacht und Weltmeer.

4. Die in Wüsteneien irre gehn,
   Keine Bahn zur Wohnstatt finden,
5. (Geplagt' von Durst und Hunger
   Schmachtet ihre Seele),
6. Schrein in ihrer Not dem Herrn,
   Und er befreit sie aus der Angst.
7. Führt sie einen ebnen Pfad,
   Zu bewohnten Städten hin.
8. Dann preisen sie des Ewgen Güte;
   Den Menschenkindern seine Wunder;
9. Daß er Durstige gesättiget,
   Mit Gutem Hungrige gefüllt.

10. Die in düstern Todesschatten sitzen,
    Eingesperrt von Zwang und Eisen.
11. (Gottes Worten widerspenstig,
    Schändten sie des Höchsten Rat;
12. Drum unterwies er sie durch Leiden;
    Sie liegen da und niemand hilft.)
13. Schrein in ihrer Not zum Herrn,
    Der aus ihrer Angst sie rettet.
14. Führt sie aus von düstern Todesschatten;
    Zerreißet Band und Fessel.
15. Dann preisen sie des Ewgen Güte,
    Den Menschenkindern seine Wunder:
16. Daß er ehrne Pforten zerbrach,
    Eiserne Riegel zerschlug.

17. Wenn um Übertretung willen,
Für ihre Sünden, Toren leiden;
18. Jede Speise ihnen ekelt;
Und sie an Todespforten stehn;
19. Schrein sie in der Not zum Herrn,
Der rettet sie aus ihrer Angst.
20. Schickt sein Wort, das heilet sie,
Befreiet sie vom Untergang.
21. Dann preisen sie des Ewgen Güte,
Den Menschenkindern seine Wunder.
22. Bringen Opfer ihm des Dankes,
Verkünden seine Taten, unter Lobgesang.

23. Die in Schiffen gehn aufs Meer,
Im Gewässer treiben ihr Geschäft;
24. Diese sehn des Ewgen Taten,
Seine Wunder in den Tiefen.
25. Spricht er; so erregt er Sturmwind;
Meereswogen türmen sich.
26. (Sie fahren gen Himmel;
Sie sinken in Tiefen;
Die Seele zagt in Angst.
27. Sie taumeln im Schwindel, wie trunken.
Alle ihre Kunst versagt.)
28. Sie schrein in ihrer Not zum Herrn,
Der rettet sie aus ihrer Angst.
29. Verwandelt Sturm in Stille;
Heißt des Meeres Wogen schweigen;
30. Leitet sie auf sanften Wellen,
Froh zu ihres Wunsches Ziel.
31. Dann preisen sie des Ewgen Güte,
Den Menschenkindern seine Wunder.
32. Rühmen ihn in Volksversammlung,
Preisen ihn im Sitz der Alten.

33. Ströme wandelt er in Wüsten,
Wasserquell in durstig Land.
34. Fruchtfeld schafft er um in Salzgrund;
Ob der Bewohner Bosheit.

35. Wüsten Grund macht er zum See,
Dürres Land zu Wasserquellen.
36. Läßt Dürftige sich da besetzen;
Städte bauen zur Bewohnung.
37. Feld besäen, Weinberg pflanzen,
Jährlich Früchte sammeln.
38. Segnet sie, sie mehren sich,
Und ihre Herden nehmen zu.

39. Will Herrschaftsjoch und Plagen,
Sie mindern, sie bedrücken;
40. Er schüttet Schmach auf Fürsten aus.
Führt sie in Irre ohne Bahn.
41. Rettet Dürftige aus Zwang,
Mehrt, gleich Herden, die Geschlechter
42. Fromme sehns und freuen sich,
Ungerechtigkeit verstummet.

43. Wer weise ist, merkt hierauf;
Erkennt des Ewgen Wohltaten.

CVIII.

1. Psalmlied Davids.

2. Unerschüttert bleibt mein Herz, o Gott!
Ich singe, schlage Saitenspiel;
Dies ist mein Ruhm!
3. Erwache, Harf und Zither!
Die Morgenröte weck' ich auf.
4. Dich, Herr! erheb' ich unter Nationen;
Dir tönet unter Völkern mein Spiel.
5. Denn über alle Himmel reichet deine Güte;
Deine Treue, so hoch die Wolken gehn.

Chor.

6. Erhebe, Gott! dich über die Himmel!
Über alle Welt,
Deine Majestät!

7. Auf daß gerettet werden deine Lieben,
Laß deine Rechte helfen, antworte uns!
8. Gott sprachs in seinem Heiligtume.
Nun sing' ich Siegeslied:
„Sichem verteil ich wieder;
Messe Succoths Tal mir aus.
9. Mein ist Gilead, Menasseh mein;
Ephraim meines Hauptes Macht;
Gesetze gibt nun Juda wieder.
10. Moab ist mein Waschgefäß;
Auf Edom werf' ich meinen Schuh.
Triumphiere über Philister."
11. Wer bringt mich in die feste Burg?
Wer führet mich nach Edom hin?
12. Bist du's nicht, Gott? du hattest uns verstoßen;
Zogst nicht mehr mit unserm Heere.
13. Ach! schaff' uns Rettung aus der Not!
Menschenhülf' ist doch kein nütze.
14. Mit Gott nur tun wir große Taten.
Er tritt sie nieder, unsre Feinde.

CIX.

1. Dem Sangmeister. Ein Psalm Davids.

Schweige nicht, o Gott! mein Ruhm!
2. Sie öffnen Trug und Frevelmund,
Sprechen über mich Verleumdungszunge.
3. Umgeben mich mit giftgen Reden;
Streiten ohne Ursach wider mich.
4. Verfolgen mich, dafür daß ich sie liebe,
(Ich aber bete);
5. Erwidern Böses mir um Gutes;
Um Liebe Feindeshaß.
6. „Laß einen Wüterich ihn richten,
Den Kläger ihm zur Rechten stehn.
7. Verdammnis sei sein Urteilsspruch;
Selbst sein Gebet Verschuldung.

8. Seiner Tage müssen wenig sein;
Ein Fremder seinen Nachlaß nehmen;
9. Und die Waisen, seine Kinder,
Und sein Ehgenoß, die Witwe,
10. Hervor aus ihren Trümmern schleichen,
Wandern hin und her und betteln.
11. Was sein ist, mögen Wucherer erpressen,
Und Feinde seinen Fleiß genießen.
12. Niemand neig ihm Liebe zu;
Erbarm sich seiner Waisen, niemand!
13. Seine Nachkunft sei zum Untergang!
Im nächsten Glied erlösch ihr Name.
14. Der Herr gedenk ihm seiner Väter Schuld;
Seiner Mutter Sünde werde nie getilgt.
15. Stets müssen vor dem Ewigen sie bleiben;
Wenn auf der Erd' er ihre Spur vernichtet.
16. Denn er dachte nicht an Liebespflicht;
Verfolgte Arme und Bedrängte,
Betrübte Herzen, in den Tod.
17. Hat er gerne Fluch, so treff er ihn!
Will er des Segens nicht, so sei er fern von ihm!
18. So zieh er Fluch an, wie sein Hemd.
Er dringe in sein Innerstes, wie Wasser;
Wie Salbe in seine Glieder.
19. Und sei ihm, wie Gewand, das er umhüllt;
Wie sein Gürtel, mit dem er stets sich gürtet."

20. Dies würkten gern vom Herrn mir meine Feinde aus;
Die meiner Seele Untergang geschworen.
21. Aber du Herr! Ewiger!
Tu mir um deines Namens Willen!
Denn deine Lieb' ist tröstlich: rette mich!
22. Bedrängt bin ich und elend;
Erschlagen ist mein Herz in mir.
23. Wie Schatten weicht, so schwank ich hin;
Wie Heuschreckbrut herabgeschüttelt.
24. Kraftlos sind vom Fasten meine Knie;
Von Säften ausgezehrt mein Fleisch.
25. So bin ich jenen denn zum Spotte worden!
Sie sehens, schütteln über mich das Haupt.

26. Steh mir bei, o Ewiger! mein Gott!
Hilf mir, nach deiner Gnade!
27. Laß sie erkennen, daß es deine Hand,
Daß du, Herr! solches tuest!
28. Sie mögen fluchen – segne du!
So stehen sie beschämt,
Und dein Verehrer freuet sich.
29. Schande kleide meine Widersacher,
Schmach umhüllet, wie ein Mantel, sie!
30. So dankt mein Mund dem Ewgen sehr;
So rühm' ich ihn vor vielem Volke.
31. Daß er dem Dürftigen zur Rechten steht
Und rettet ihn von Richtern seines Lebens.

CX.

An David; ein Psalm.

1. Der Ewge spricht zu meinem Herrn:
Verweile hier zu meiner Rechten!
Ich werde deine Feinde dir,
Zum Schemel deiner Füße legen.
2. Der Ewge streckt von Zion aus
Das Zepter deiner Majestät:
Regiere mitten unter Feinden!
3. Dein jugendliches Volk ergeußt
Freiwillig sich, in heilgem Schmucke,
Am Tage deiner Heldenschlacht,
Wie Tau vom Schoß der Morgenröte.
4. Der Ewge schwur, ihn reuet nichts:
Du bist der Gottheit Diener ewig!
Der Sänger täuscht nicht, König Zedeks!
5. Zu deiner Rechten hat der Herr
Im Zorn schon Könige zerschlagen.
6. Er wird Nationen richten
Auf hochgetürmten Leichen,
Der itzt das Haupt von Rabba schlug.
7. Schon trinkt es aus dem Bach am Wege;
Weil es zu stolz sein Haupt erhob.

CXI.

(Alphabetisch.)

1. Hallelujah.

Von ganzem Herzen dank ich dem Herrn;
Im Rat der Frommen, in der Gemeinde.

2. Erhaben sind des Ewgen Taten;
Allen ihren Zwecken angemessen.

3. Majestät und Schöne seine Werke;
Ewiglich bestehend seine Güte.

4. Gedächtnis stiftet seiner Wunder,
Der Gnädige, Barmherzige, der Herr!

5. Gibt seinen Dienern Unterhalt;
Denkt ewiglich an seinen Bund.

6. Zeigt seinem Volke seiner Taten Kraft;
Gibt ihnen ein der Heiden Eigentum.

7. Seiner Hände Werk, sind Recht und Weisheit;
Ohne Wandel alle sein Gebot.

8. Immer unterstützet, und ewig;
Nach Recht und Wahrheit eingerichtet.

9. Rettung sandte er seinem Volke;
Stiftet seinen Bund auf ewig;
Er, dessen Namen heilig ist.

10. Der Weisheit Ziel ist Gottesfurcht,
Darnach zu wandeln, feine Klugheit;
Bringt unvergänglich Lob.

CXII.

(Alphabetisch.)

1. Hallelujah.

Wohl dem Manne, der den Ewigen fürchtet,
Und große Lust hat an des Herrn Gebote!

2. Sein Same wird gewaltig sein, auf Erden;
Gesegnet ist des Redlichen Geschlecht!

3. In seinem Hause ist Überfluß und Reichtum;
Wohltätigkeit bleibt unaufhörlich.

4. Den Frommen strahlet Licht in Finsternis,
Der Gnädige, Barmherzige, Gerechte!

5. Wohl dem der sich erbarmt, und teilet mit;
Und richtet ein sein Tun nach Billigkeit.

6. Denn ewiglich wird er nicht wanken;
Der Nachruhm des Gerechten bleibt ewig.

7. Er höret furchtlos schreckliche Gerüchte;
Sein Herz hofft auf den Ewgen unverzagt.

8. Getrost und unerschüttert bleibt sein Mut,
Bis er an Feinden seine Lust ersieht.

9. Er streuet aus, er gibt den Armen;
Wohltätigkeit bleibt unaufhörlich.
Mit Ehren wird sein Horn erhöht.

10. Der Frevler sieht's, mit kränkendem Verdrusse,
Und härmt sich ab, und knirschet mit den Zähnen.
Vereitelt ist der Frevler Wunsch!

CXIII.

1. Hallelujah.

Lobet, Diener des Herrn!
Lobt den Namen des Herrn!
2. Gepriesen sei der Name des Herrn,
Von nun an und in Ewigkeit.
3. Vom Aufgang bis zum Niedergang,
Gelobt der Name des Herrn!
4. Der Herr ist über alle Völker erhaben;
Über die Himmel sein Ruhm erhaben.
5. Wer ist wie unser Gott, der Herr?
Thront so hoch?
6. Schaut so tief?
Im Himmel? – auf Erden?
7. Richtet den Geringen auf vom Staube;
Erhöht den Armen vom Kot;
8. Neben Fürsten ihn zu setzen,
Neben Fürsten seines Volks.
9. Belebt das Haus der Kinderlosen;
Läßt sie frohe Mutter werden.
Hallelujah!

CXIV.

1. Als Israel auszog aus Ägypten;
Jakobs Haus vom Barbarnvolke;
2. Da ward sein Heiligtum die Tochter Juda;
Die Tochter Israel sein Reich.
3. Das Weltmeer sah und floh;
Der Jordan wich zurück.
4. Berge hüpften wie Widder,
Hügel wie Lämmer.
5. Was ist dir, Weltmeer! daß du fliehest?
Dir, Jordan! daß du weichst?
6. Berge, daß ihr hüpft wie Widder?
Hügel, wie Lämmer?

7. Vor dem Herrn erbebe, Erde!
Vor dem Gotte Jakobs!
8. Der Fels in Wasser wandelt:
Kieselstein in Quellen.

CXV.

1. Nicht uns, Herr! nicht uns;
Deinen Namen selbst gib Ehre,
Um deiner Güte und Wahrheit.
2. Was sollen Heiden sprechen:
„Wo ist denn nun ihr Gott?“
3. Ist doch unser Gott im Himmel,
Und schaffet was er will.
4. Jener Götzen, golden, silbern,
Sind der Menschenhände Arbeit;
5. Haben Mäuler, reden nicht;
Haben Augen, sehen nicht;
6. Haben Ohren, hören nicht;
Riechen nichts mit ihrer Nase:
7. Ihre Hände greifen nicht;
Ihre Füße gehen nicht;
Sie reden nicht durch ihre Kehle.
8. Die solche machen, sind wie sie,
Die auf sie hoffen, alle so.
9. Vertrau dem Ewgen, Israel,
Er ist ihr Helfer und Schild!
10. Vertrau dem Ewgen, Aarons Haus!
Er ist ihr Helfer und Schild!
11. Vertraut dem Ewgen, Gottverehrer!
Er ist ihr Helfer und Schild!
12. Der Ewge denket unser;
Segnet Israels Haus;
Segnet Aarons Haus;
13. Segnet Gottesverehrer,
Beides Klein und Groß.
14. Der Ewge mehre euch,
Euch und eure Kinder!

15. Ihr seid des Herrn Gesegnete,
Der Himmel schuf und Erde.
16. Der Himmel ist des Ewgen Himmel,
Die Erde gab er Menschenkindern.
17. Tote preisen nicht den Herrn,
Noch die hinab zur Hölle fahren;
18. Wir aber preisen ihn, den Herrn,
Von nun an und in Ewigkeit.
Hallelujah.

CXVI.

1.

1. Lieb ists mir, daß der Ewige
Mein Schrein erhört, mein Flehn.
2. Er hat sein Ohr mir zugeneigt;
Nun ruf ich an, so lang' ich lebe.
3. Umfangen mich des Todes Stricke;
Ergreifen mich die Angst der Hölle;
Drückt mich Jammer und Not:
4. So ruf ich an des Ewgen Namen:
Ach Herr! errette meine Seele!
5. Barmherzig ist der Herr und allgerecht;
Mitleidsvoll ist unser Gott.
6. Einfaltselige beschützt der Herr.
Elend war ich, doch er half mir aus.

2.

7. Seele! kehre nun in deine Ruhe ein!
Der Ewige will wohl dir tun.
8. Du befreist vom Tode meine Seele,
Mein Auge von Tränen, meinen Fuß vom Gleiten.
9. So wandl' ich vor dem Ewgen noch,
Im Lande der Lebendigen,
10. Ich glaube, darum rede ich;
Laut ruft mein Mund es aus.
11. Ach! ich sprach in meinem Zagen:
Vergänglich Wesen ist der Mensch!

12. Wie soll ich nun dem Herrn erwidern,
Alle Wohltat, die er mir erzeigt?

3.

13. Den Kelch des Heils will ich ergreifen,
Verkünden laut im Namen des Herrn.
14. Meine Gelübde bezahl' ich dem Herrn;
Wie gern, vor allem seinem Volke!
15. Vor dem Ewgen wertgehalten
Ist seiner Frommen Tod!
16. Ach Ewger! ich dein Knecht,
Sohn deiner Magd, dem du die Fessel löstest,
17. Dankopfer bring' ich dir,
Verkünde laut im Namen des Herrn.
18. Meine Gelübde bezahl ich dem Herrn;
Wie gern, vor allem seinem Volke!
19. In den Höfen, am Tempel des Herrn
In deiner Mitte, mein Jerusalem!
Hallelujah.

CXVII.

1. Lobt den Herrn, ihr Völker alle.
Rühmt ihn, alle Nationen!
2. Seine Güte waltet über uns,
Seine Treu' in Ewigkeit.
Hallelujah.

CXVIII.

Chor.

1. Dankt dem Herrn! denn er ist freundlich,
Ewig währet seine Güte.
2. So singe Israel:
Ewig währet seine Güte.

3. So singe Aarons Haus:
Ewig währet seine Güte.
4. So singen, die den Herrn verehren:
Ewig währet seine Güte.

1.

5. In Angst rief ich die Gottheit an:
Der Gottheit Antwort schuf mir Raum.
6. Der Herr ist mein; ich fürchte nichts.
Was kann der Mensch mir tun?
7. Der Herr ist mein und steht mir bei:
Ich werde Lust an Feinden schaun.
8. Besser ists dem Herrn vertraun,
Als auf Menschen sich verlassen.
9. Besser ists dem Herrn vertraun,
Als auf Fürsten sich verlassen.

2.

10. Laßt alle Heiden mich umgeben:
Beim Ewgen, ich zerhaue sie!
11. Hier umgeben, dort umgeben;
Beim Ewgen, ich zerhaue sie!
12. Wie Bienen umschwärmen, wie Dornen Flamm' umlodern:
Beim Ewgen, ich zerhaue sie!
13. Wenn alles zustürmt, mich zu stürzen;
Der Ewge steht mir bei.
14. Er ist mein Sieg, mein Saitenspiel;
Er ward mir zum Triumph!

3.

15. Freudenausruf, Siegeslied
Schallt in Hütten der Tugendverehrer:
„Die Rechte des Herrn erkämpft den Sieg!
16. „Die Rechte des Herrn, erhaben;
Die Rechte des Herrn erkämpft den Sieg!"
17. Nein! noch sterb' ich nicht; ich lebe,
Erzähle die Taten der Gottheit;
18. Züchtgen will mich nur die Gottheit;
Überläßt mich nicht dem Tode.

19. Tut mir auf die Pforten der Tugend!
    Ich gehe hinein, und danke dem Herrn.

4.

20. „Hier ist zum Ewigen die Pforte!
    Rechtschaffne gehen da hinein."
21. Ich danke, daß du mich gezüchtiget,
    Und wieder Hülfe mir erzeigst.
22. „Der Stein, den Bauende verwarfen,
    Er ist zum Eckstein worden!"
23. Das ist vom Herrn geschehen
    Wunderbar in unsern Augen!
24. „Diesen Tag gab uns der Herr
    Laßt uns ihn feiern mit Wonnegesang!"
25. Ah, Ewiger! o steh' uns bei!
    Ah, Ewiger laß wohlgelingen!
26. "Willkommen im Namen des Ewigen;
Wir aus des Ewgen Tempel grüßen, willkommen!
27. Gott der Ewge, läßt uns sein Antlitz leuchten.
Führt her das Opfer mit Myrten gebunden;
Hieher, bis an die Hörner des Altars!"
28. Mein Gott bist du! dir will ich danken;
    Mein Gott! dich will ich erheben.

Chor.

29. Dankt dem Herrn, denn er ist freundlich:
    Ewig währet seine Güte!

CXIX*

(Alphabetisch.)

Aleph.

1. Heil den Männern die rechtschaffen leben:
Die nach Gottes Lehre wandeln.

2. Heil denen, die sein Zeugnis hüten,
Die ihn von ganzen Herzen suchen.

3. Die in seinen Wegen wandeln,
Üben keine Bosheit aus.

4. Verordnungen hast du erteilt.
Daß man mit Eifer auf sie halte,

5. Ach! gelänge mein Bestreben,
Daß ich hielte dein Gesetz!

* Dieser Psalm unterscheidet sich, sowohl durch seinen Inhalt, als durch seine äußerliche Einrichtung, von allen übrigen Psalmen. Er enthält 176 Verse, oder 22 Abteilungen, deren jede aus acht Versen bestehet. Jede Abteilung fängt sich mit einem und eben denselben Buchstaben des Alphabets an, und sofort, nach alphabetischer Ordnung; so, daß die Verse der ersten Abteilung das Aleph, der zweiten Abteilung das Beth u.s.w. zum Anfangsbuchstaben führen. Ihre innere Einrichtung ist nichts weniger als lyrisch. Man findet nicht den mindesten Zusammenhang zwischen den Abteilungen; ja auch selten zwischen den einzelnen Versen. Vielmehr sind alle Verse ähnliches Inhalts: Empfehlung und Anpreisung des Gesetzes, Gebet um Unterricht in dem Gesetze Gottes; fester Vorsatz ihm treu zu bleiben, und sich weder durch Trübsal, noch durch Lockungen davon abführen zu lassen: diese Gedanken werden unter mancherlei Wendungen wiederholt, und kommen in jedem Vers wieder vor: daher man auch in jedem Verse das Wort, Gesetz, Befehl, Verheißung, Wort, Rechte u. dgl. wenigstens einmal findet. Wer diese unaufhörliche Tautologie in 176 Versen nach einander weg liest, kann unmöglich Geschmack daran finden. Auch sind diese Verse nicht gemacht, so nach einander hin abgelesen zu werden. Es sind gleichsam 176 Sinnschriften, gleiches Inhalts, davon man, nach der Lage des Gemüts, und der Verfassung, in welcher man sich befindet, bald dieses, bald jenes, mit mehrerm Interesse liest und seinem Gedächtnisse einprägt. Meine besondern Gedanken über den Gebrauch und die Bestimmung dieses Psalms behalte ich mir bis zu einer andern Gelegenheit vor.

6. Schau ich allein auf deine Gebote;
So werd' ich nie zu Schanden werden.

7. Ich lerne deine Urteilssprüche
Und danke dir mit gradem Herzen.

8. Halten will ich dein Gesetz.
Verlaß mich nimmermehr!

Beth.

9. Wie kann ein Jüngling glücklich sein?
Wenn er sich hält nach deinem Worte.

10. Von ganzem Herzen such' ich dich.
Laß mich nicht fehlen von deinem Gebot.

11. Deine Rede präg' ich meinem Herzen ein;
Auf daß ich wider dich nie sündige.

12. Gelobt seist du, o Ewiger!
Lehre mich dein Gesetz!

13. Mit meinen Lippen rühme ich,
Die Richtersprüche deines Mundes.

14. Ich freue mich deiner Zeugnisse;
Wie über Schätze allerlei.

15. Dein Gebot ist mein Gespräch;
Nach deinen Wegen schau ich stets.

16. Dein Gesetz ist mein Ergötzen;
dein Wort vergeß ich nie.

Gimel.

17. Tue deinem Diener wohl!
Daß ich lebe, und halte deine Worte.

18. Eröffne meine Augen mir,
Daß ich die Wunder deiner Lehre schaue.

19. Ich bin ein Pilgrim hier auf Erden.
Verbirg mit deine Gebote nicht!

20. Mein Gemüt strebt sehnsuchtsvoll,
Nach deinen Rechten allezeit.

21. Du schiltst; dein Fluch trifft Stolze,
Die von deinen Geboten weichen.

22. Wende von mir Schmach und Hohn;
Denn dein Zeugnis hüte ich.

23. Laß auch Fürsten sich besprechen wider mich;
Dein Verehrer denkt nur dein Gesetz.

24. Deine Zeugnisse sind mein Ergötzen;
Mit ihnen pflege ich Rat.

Daleth.

25. Am Staube klebet meine Seele.
Belebe mich nach deiner Verheißung!

26. Ich erzähle meine Wege; du erhörest mich;
Unterweise mich in deinen Gesetzen.

27. Laß mich einsehen deiner Verordnung Weise;
Nachdenken über deine Wunderwerke.

28. Mein Gemüt verschmachtet vor Betrübnis;
Erquicke mich nach deiner Verheißung!

29. Führ mich ab vom falschem Wege!
Begnadige mit deiner Lehre mich!

30. Ich wähle mir den Weg der Treue;
Vergleiche deine Richtersprüche.

31. Ich hange deinen Zeugnissen an;
Herr! laß mich nie zu Schanden werden.

32. Ich laufe deiner Vorschrift Bahn;
Denn du erweiterst mir die Brust.

He.

33. Zeige mir, o Ewiger! die Laufbahn deiner Rechte;
So weichet nie mein Fuß von ihr.

34. Unterrichte mich, daß ich befolge deine Lehre,
Und halte sie von ganzem Herzen.

35. Leite mich in deiner Vorschrift Steige;
Denn mein Verlangen ist nach ihr.

36. Lenke mein Gemüt zu deinen Zeugnissen,
Von aller Habsucht fern.

37. Zieh meine Blicke ab von eitelm Wahn!
Laß mich Erquickung nur in deinen Lehren finden.

38. Erfülle deinem Diener die Verheißung,
Die denen werden soll, die dich fürchten.

39. Wende von mir ab die Schmach, die ich besorge;
Wohltätig sind ja deine Rechte.

40. Ich sehne mich nach deiner Vorschrift;
Erquicke mich nach deiner Gerechtigkeit!

Vav.

41. Deine Gnade, Ewiger! laß mir widerfahren;
Deine Hülfe, nach deiner Verheißung:

42. Daß ich erwidre meinem Lästrer;
Denn ich verlaß mich auf dein Wort.

43. Nimm ja der Wahrheit Wort aus meinem Munde nicht;
Denn ich vertraue deinen Rechten,

44. Und will halten deine Lehren,
Ewiglich und immer.

45. Ich wandle in weitem Raume;
Denn ich strebe nur nach deiner Vorschrift.

46. Von deinen Zeugnissen schäm' ich mich nicht,
Vor Königen zu sprechen.

47. Mein Ergötzen ist in deinen Geboten,
Die ich innigst liebe.

48. Meine Hände streck' ich aus
Nach deinen so geliebten Lehren;
Und denke nach über dein Gesetz.

Sain.

49. Denke deinem Knechte jenes Wort, –
Auf welches du mich lässest hoffen.

50. Dies ist mein Trost im Leiden;
Neues Leben gibt mir dein Verheißen.

51. So sehr die Stolzen meiner spotten;
Ich weiche nicht von deiner Lehre.

52. Ich denke an dein Gericht von Anbeginn,
Ewiger! und finde Trost.

53. Bange wird mir bei Verruchten,
Die dein Gesetz verlassen.

54. Mein Gesang sind deine Rechte,
Im Hause meiner Wallfahrt.

55. Auch nachts denk ich an deinen Namen,
Ewiger! und halte deine Lehre.

56. Dies ward mir zu Teile,
Daß ich halte dein Gebot.

Chet.

57. Ich spreche, Gott! mein Erbgut ists,
Daß ich halte deine Worte.

58. Ich flehe dir von ganzem Herzen,
Sei mir gnädig, nach deiner Verheißung!

59. Ich denke meinem Wandel nach,
Und kehre um zu deinem Zeugnis.

60. Ich eile und säume nicht,
Zu halten dein Gebot.

61. Mich umgeben der Verruchten Stricke;
Allein deine Lehre vergeß ich nie.

62. Ich stehe auf zur Mitternacht, um dir zu danken,
Für deine allgerechten Sprüche.

63. Ich halte mich zu allen, die dich ehren;
Die deine Befehle hüten.

64. Der Erdkreis ist voll deiner Güte;
Gott! lehre mich dein Gesetz!

Thet.

65. Du hast deinem Knechte wohlgetan,
Gott! Nach deiner Verheißung.

66. Lehre mich Verstand und Einsicht;
Denn ich glaube deinen Geboten.

67. Eh' ich leiden mußte, hab' ich oft geirrt;
Nun aber halte ich dein Gebot.

68. Huldreich bist du, und wohltätig;
Unterweise mich in deinen Gesetzen.

69. Die Stolzen dichten Lügen wider mich;
Ich aber halte dein Gebot von ganzem Herzen.

70. Gefühllos ist ihr Herz, wie Unschlitt;
Ich aber finde Lust an deiner Lehre.

71. Wohl mir, daß ich leiden mußte,
Auf daß ich lerne dein Gesetz.

72. Werter ist mir deines Mannes Lehre,
Als Tausende von Gold und Silber.

Jod.

73. Deine Hand hat mich geschaffen, mich gebildet.
Unterweise mich, daß ich lerne dein Gebot.

74. Die dich verehren, sehen mich, und freuen sich;
Denn ich vertraue deinen Worten.

75. Ich weiß es, Gott! gerecht sind deine Gerichte!
Treue ist es, wenn du mich leiden läßt.

76. Ach! laß deine Gnade mir zum Troste sein;
Wie deinem Knechte du verheißen hast.

77. Laß deine Vaterliebe mich erquicken;
Denn deine Lehr' ist mein Ergötzen.

78. Laß sie zu Schanden werden, die Stolzen;
Denn sie kränken unverschuldet mich,
Ich aber durchdenke deine Gebote.

79. Laß die sich zu mir halten die dich verehren,
Die Kenner deiner Zeugnisse.

80. Rechtschaffen sei mein Herz in deinen Rechten,
Auf daß ich nie zu Schanden werde.

Caph.

81. Nach deinem Heil verlangt mein Herz.
Ich hoffe auf dein Wort.

82. Meine Augen sehnen sich nach deinem Worte,
Und sagen: Ach wenn tröstest du mich?

83. Bin ich auch wie eine Haut im Rauche;
Dein Gesetz vergeß ich dennoch nicht.

84. Wie wenig sind die Tage deines Knechtes?
Wenn hältest du Gericht über Verfolger?

85. Frevler sind es, die mir Gruben graben,
Die nach deiner Lehre nicht leben.

86. Dein Gebot ist lauter Redlichkeit!
Sie verfolgen mich mit Lügen: Hilf mir!

87. Sie haben mich schier umgebracht auf Erden.
Dennoch verließ ich deine Befehle nicht.

88. Erquicke mich, nach deiner Gnade,
Daß ich deines Mundes Zeugnis halte.

Lamed.

89. Herr! ewig ist dein Wort
Im Himmel fest gestellt!

90. Deine Treue währet für und für.
Du hast den Erdball gegründet;
Er stehet fest.

91. So steht noch alles nach deinem Spruche;
Denn alles muß dir dienen.

92. Wäre nicht dein Gesetz mein Trost,
Ich wär' in meinem Elend längst vergangen.

93. Deine Befehle vergeß ich nimmermehr:
Denn du erquickst mich damit.

94. Ich bin dein, errette mich!
Denn ich suche deine Befehle.

95. Mir lauren Frevler auf, mich umzubringen;
Ich aber merke auf deine Zeugnisse.

96. Jede Begier hat ihren Überdruß;
Unendlich weit erstreckt sich dein Gebot.

Mem.

97. Wie hab' ich dein Gesetz so lieb!
Ihm denk' ich nach, den ganzen Tag.

98. Weiser als die Feinde, macht mich dein Gebot:
Denn es bleibt mir ewiglich;

99. Verständiger denn alle meine Lehrer:
Denn ich denke deinem Zeugnis nach;

100. Einsichtsvoller als die Greise:
Denn ich halte deine Befehle.

101. Alle böse Wege wehre ich meinem Fuße;
Auf daß ich halte deine Worte.

102. Ich weiche nicht von deinen Rechten;
Denn du hast mich unterwiesen.

103. Wie köstlich ist meinem Geschmacke dein Wort!
Süßer meinem Munde, denn Honigseim.

104. Deine Befehle machen mich vernünftig;
Darum haß' ich alle falsche Wege.

Nun.

105. Dein Wort ist meines Fußes Leuchte;
Ein Licht auf meinem Steige.

106. Ich schwöre – und will's erfüllen –
Zu halten deine gerechten Urteile.

107. Ich bin tief gebeugt,
Ach Herr! erquicke mich, nach deinem Worte!

108. Laß dir wohlgefallen, Herr!
Meines Mundes willige Opfer;
Und unterweise mich in deinen Rechten.

109. Mein Leben trag' ich stets auf meinen Händen;
Und vergesse deine Lehre nicht.

110. Ruchlose legen mir Schlingen;
Ich aber irre nicht von deinem Befehl.

111. Deine Zeugnisse sind mein ewiges Erbgut;
Denn sie sind meines Herzens Wonne.

112. Ich neige mein Herz zu halten dein Gesetz.
Ewig ist der Lohn!

Samech.

113. Ausschweifungen sind mir verhaßt.
Ich liebe deine Lehre.

114. Du bist mein Schirm und Schild.
Ich hoffe auf dein Wort.

115. Weichet von mir, Übeltäter!
Ich halte die Gebote meines Gottes.

116. Erhalte mich nach deinem Worte; so leb' ich;
Beschäme mich in meiner Hoffnung nicht.

117. Stärke mich, daß ich genese,
Und dein Gesetz stets mein Ergötzen sei.

118. Du zertrittst sie, die deiner Rechte fehlen;
Denn ihre Trügerei ist eitel.

119. Des Landes Missetäter räumst du, wie Schlacken, aus.
Darum lieb' ich deine Zeugnisse.

120. Aus Furcht vor dir, schaudert mir die Haut;
So fürcht' ich deine Richtersprüche.

Ain.

121. Ich halt' auf Recht und auf Gerechtigkeit:
Übergib mich nicht meinen Unterdrückern.

122. Vertritt du deinen Knecht, zu seinem Besten!
Laß die Stolzen mich nicht unterdrücken.

123. Meine Augen sehnen sich nach deinem Heile;
Nach der Verheißung deiner Huld.

124. Handle mit deinem Knecht nach deiner Gnade,
Und lehre mich dein Gesetz.

125. Ich bin dein Knecht, unterweise mich;
Daß ich dein Zeugnis wohl begreife.

126. Beim Herrn stehts, dazu zu tun.
Sie wollen dein Gesetz aufheben.

127. Darum lieb' ich dein Gebot noch immer,
Mehr als feines Gold und Kleinod.

128. Darum halt, ich deine Befehle für allgerecht,
Und bin dem falschen Wege gram.

Pe.

129. Deine Zeugnisse sind wunderbar;
Darum hält sie meine Seele.

130. Die Eröffnung deines Worts verbreitet Licht,
Gibt Einfältigen Vernunft.

131. Gierig öffne ich meinen Mund;
Denn mich verlangt nach deinen Geboten.

132. Wende dich zu mir! sei mir gnädig;
Wie du denen tust, die dich lieben.

133. Befestige meinen Tritt, durch deine Worte;
Und laß kein Unrecht herrschen über mich.

134. Rette mich von Menschendruck;
So will ich halten deine Befehle.

135. Laß dein Antlitz leuchten über deinen Knecht;
Und lehre deine Rechte mich.

136. Von meinen Augen rieseln Tränenbäche;
Über die, so deine Lehr' nicht halten.

Zade.

137. Gerecht bist du, o Ewiger!
Billig sind deine Richtersprüche.

138. Sehr hast du dein gerechtes Zeugnis,
Sehr die Treue anbefohlen.

139. Mein Eifer hat mich fast verzehrt,
Daß meine Feinde deiner Worte vergessen.

140. Dein Wort ist wohlgeläutert;
Drum liebt es dein Verehrer.

141. Geringe bin ich und verachtet;
Doch vergeß' ich nicht deines Befehls.

142. Unwandelbar ist deine Gerechtigkeit;
Deine Lehre ewige Wahrheit.

143. Not und Drangsal treffen mich;
Doch dein Gebot ist mein Ergötzen.

144. Unveränderlich ist dein gerechtes Zeugnis;
Laß mich vernünftig sein, so leb' ich glücklich.

Kuph.

145. Von ganzem Herzen ruf' ich,
Erhöre es, Gott! daß ich deine Rechte halte.

146. Ich rufe zu dir, hilf mir!
Daß ich dein Zeugnis halte.

147. In früher Dämmerung bete ich;
Ich harre deiner Verheißung.

148. Meine Augen wachen vor der Morgenstunde,
Zu betrachten deine Gesetze.

149. Höre meine Stimme, nach deiner Gnade;
Herr! erquicke mich, nach deiner Weise!

150. Nahe sind die schändlichen Verfolger;
Entfernen sich von deiner Lehre.

151. Herr! du bist wahrhaftig nahe;
Dein Befehl ist eitel Wahrheit.

152. Längst weiß ich schon aus deinen Zeugnissen,
Daß du auf ewig sie gegründet hast.

Resch.

153. Sieh mein Elend und errette mich;
Denn ich vergesse deiner Lehre nicht.

154. Führe meine Sache und erlöse mich;
Erquicke mich, nach deiner Verheißung.

155. Das Heil ist fern von Frevelhaften;
Denn sie achten deine Gesetze nicht.

156. Herr! deine Barmherzigkeit ist groß!
Erquicke mich nach deinen Rechten.

157. Viel sind meiner Widersacher und Verfolger;
Ich aber weiche nicht von deinen Zeugnissen.

158. Ich sehe Treulose, verabscheue sie;
Daß sie nicht halten deine Worte.

159. Siehe, ich liebe deine Befehle,
Herr, erquicke mich, nach deiner Gnade!

160. Deines Wortes Grundgesetz ist Wahrheit,
Unveränderlich dein gerechter Spruch.

Schin.

161. Fürsten verfolgen mich, ohne Ursach;
Doch nur vor deinen Worten fürchtet sich mein Herz.

162. Ich freue mich deiner Verheißung,
Wie ein Finder großer Beute.

163. Lügen bin ich gram, und habe Greul daran;
Aber deine Lehre hab' ich lieb.

164. Ich lobe dich des Tages siebenmal,
Um deiner gerechten Sprüche willen.

165. Viel Seligkeit genießen Freunde deiner Lehre;
Kein Unfall drohet ihnen.

166. Ich harre auf deine Hülfe, Gott!
Und lebe nach deinen Geboten.

167. Meine Seele hält deine Zeugnisse,
Und liebt sie ohne Maß.

168. Ich halte deine Befehle und Zeugnisse;
Denn meine Wege alle sind vor dir.

Thau.

169. Herr! laß vor dich kommen mein Gebet;
Unterweise mich nach deinem Worte.

170. Laß mein Flehen vor dich kommen;
Errette mich nach deiner Verheißung.

171. Von meinen Lippen fließet Lob,
Wenn du mich deine Rechte lehrest.

172. Meine Zunge rühmt im Wettgesang dein Wort;
Denn Recht sind alle deine Gebote.

173. Laß deine Hand mir beistehen;
Denn ich erwähle deine Befehle.

174. Herr! mich verlangt nach deiner Hülfe!
Deine Lehr' ist mein Ergötzen.

175. Laß meine Seele leben, daß sie dich lobe,
Laß deinen Richterspruch mir helfen!

176. Ich irre umher, wie ein verlornes Schaf.
Suche deinen Knecht!
Denn ich vergesse nie deine Gebote.

CXX.

1. Stufengesang.

Zum Herrn ruf ich in meiner Not,
Und er erhöret mich:
2. Herr rette mich von Lügenmäulern,
Von heuchlerischen Zungen.
3. Was nützet sie, was frommt sie dir,
Die heuchlerische Zunge?
4. Die Heldenpfeile wohlgeschärft,
Mit Priemholzkohlen-Glut? –
5. Weh mir! ich muß in Meschech leben;
In Hütten Kedars wohnen!
6. Zu lange geht schon meine Seele
Mit Friedenshassern um.
7. Ich denke Friede, rede Friede:
Sie denken, reden Krieg.

CXXI.

1. Stufengesang.

1.

Ich schau empor nach jenen Bergen:
Wo kommt mir Hülfe her?
2. Vom Ewigen kommt meine Hülfe,
Der Himmel schuf und Erde.

2.

3. Er läßt nicht gleiten deinen Fuß:
Dein Hüter schlummert nicht.
4. O nein! er schläft, er schlummert nicht,
Der Hüter Israels.

3.

5. Er sei dein Hüter, er beschatte dich,
Zu deiner rechten Hand!

6. Dir schadet nicht des Tages die Sonne;
Der Mond dir nicht des Nachts.

4.

7. Der Herr behüte dich vor Übel;
Behüte deine Seele!
8. Behüte dich; du gehst, du kommst;
Wie jetzt, so alle Zeit.

CXXII.

1. Stufengesang Davids.

Ich freu mich, wenn man zu mir spricht:
„Laß in des Ewgen Haus uns gehen!"
2. O! unsre Füße standen einst,
Jerusalem, in deinen Toren!
3. Jerusalem du wohlgebaute!
Hauptstadt! wo alles sich gesellet;
4. Wohin die Stämme Gottes wallen,
Dem Herrn zu danken nach Gesetz;
5. Wo Stühle sitzen zum Gericht,
Des Hauses David hohe Stühle.
6. O, wünschet Glück Jerusalem:
Wohl geh es deinen Freunden!
7. In deinen Mauren wohne Friede!
In deinen Schlössern Sicherheit!
8. Um meiner Freund' und Brüder willen,
Wünsch ich dir Heil und Glück:
9. Um unsres Gottes Tempels willen,
Such ich dein Wohlergehen.

CXXIII.

1. Stufengesang.

Zu dir erheb' ich meine Augen,
Der du im Himmel thronest!

2. Wie Knechte schauen auf ihres Herren Hand:
Wie eine Magd auf ihrer Frauen Hand;
So schauen unsre Augen hin auf unsern Gott,
Bis er sich unsrer Not erbarme.
3. Erbarm dich Ewiger! erbarm dich unser!
Wir sind des Schmaches viel zu satt.
4. Ja, viel zu satt ist unsre Seele
Des Spotts der Übermütigen,
Der Trotzigen Verachtung.

CXXIV.

1. Stufengesang Davids.

1.

Wo der Herr nicht bei uns wäre –
Singe Israel!
2. Wo der Herr nicht bei uns wäre,
Da der Mensch sich aufmacht wider uns;
3. Sie verschlängen uns lebendig,
Wenn ihr Zorn entflammet über uns.

2.

4. Längst hätten Wasser uns ersäuft,
Wären Ströme über uns gefallen.
5. Längst gefahren über uns
Wären wilde Fluten.

3.

6. Dank dem Ewigen, der uns ihren Zähnen
Nicht zum Raube gab dahin!
7. Unser Leben ist entkommen,
Wie ein Vögelein des Voglers Schlingen.

4.

Schlingen rissen, wir entkamen.
8. Unsre Hülfe steht beim Herrn,
Der Himmel schuf und Erde.

CXXV.

1. Stufengesang.

Die dem Herrn vertraun,
Bleiben wie Berg Zion,
Unerschüttert ewig.
2. Jerusalem umgeben Berge:
Sein Volk umgibt der Herr,
Von nun an, bis in Ewigkeit.
3. Nein! Tyrannen Zepter herrschet nicht
Im Erbteil der Gerechten.
Daß sie nicht auch nach unrecht Gut
Ausstrecken ihre Hände!
4. Ah Herr! den Guten tue wohl,
Die gerechtes Herzens sind;
5. Die auf krummen Weg abweichen
Treibe weg, die Übeltäter.
Glück über Israel!

CXXVI.

1. Stufengesang.

Wann aus dem Elend Gott nach Zion führet:
So sind wir wie vom Traum erwacht.
2. Voll Lachens ist dann unser Mund,
Frohlockenvoll die Zunge.
Und alle Heiden sprechen:
Für sie hat Wunder Gott getan!
3. Ja, Wunder tut der Herr für uns,
Des sind wir herzensfroh.
4. Ach, führ uns aus dem Elend, Herr!
Wie Wasserström' in dürres Land.
5. Die mit Tränen säen,
Sammeln ein mit Freuden.

6. Er gehet hin und weint,
Der Säemann mit seiner Last:
Jauchzend kömmet er zurück,
Trägt seine Garben ein.

CXXVII.

1. Stufengesang vom Salomo.

Vergeblich ist der Künstler Arbeit;
Will Gott nicht selbst den Tempel baun.
Vergeblich aller Wächter Fleiß;
Wenn Gott nicht selbst die Stadt bewacht.
2. Vergeblich wacht ihr früh und sitzet spät,
Und esset Brot mit Sorgen:
Seinen Freunden gibt er es im Schlaf.
3. Siehe! Kinder sind Geschenk des Herrn;
Leibesfrucht der Tugend Lohn.
4. Jugendsöhne sind Geschosse,
In der tapfern Streiter Hand.
5. Wohl dem, der seinen Köcher
Voll von diesen Pfeilen hat!
Sie lassen nicht zu Schanden werden,
Und trotzen vor Gericht dem Feind.

CXXVIII.

1. Stufengesang.

Wohl dem, der den Ewgen fürchtet,
Der in seinen Wegen wandelt.

2. Nähre dich von deiner Arbeit;
Wohl dir! du hast es gut!
3. Dein Weib ein traubenreicher Stock,
An deines Hauses Seite.
Wie Ölbaumssprossen deine Kinder,
Um deinen Tisch herum.

4. Seht! so wird der Mann gesegnet,
der den Ewigen verehrt!

5. Der Ewge segne dich von Zion aus,
Daß du Jerusalem im Glückstand sehest,
All dein Lebenlang;
6. Und sehest Kinder deiner Kinder;
Glück über Israel.

CXXIX.

1. Stufengesang.

Oft hat man mich gedrängt,
Von meiner Jugend auf,
So singe Israel!
2. Oft hat man mich gedrängt,
Von meiner Jugend auf,
Jedoch nicht übermocht.
3. Auf meinem Rücken haben sie gepflügt,
Gezogen ihre lange Furchen.
4. Gerecht ist er, der Ewige!
Zerhieb der Frevler Seile.
5. Zu Schanden werden, weichen
Müssen alle Feinde Zions,
6. Und sein, wie Gras auf Dächern,
Das, eh' mans ausrauft, welkt.
7. Kein Schnitter füllet seine Hand;
Kein Garbenbinder seinen Arm.
8. Vorübergeher grüßten nicht:
„Der Segen Gottes über euch!
Wir grüßen euch im Namen Gottes!“

CXXX.

1. Stufengesang.

Aus der Tiefen ruf ich, Gott! zu dir:
2. Ach Herr! erhöre meine Stimme!
Laß deine Ohren merken,
Auf mein inbrünstig Flehn.
3. So du Sünden willst zurechnen,
Herr! wer kann bestehn?
4. Allein Vergebung steht bei dir,
Auf daß man dich ehrfürchte.

5. So hoff' ich denn zum Herrn;
Es hoffet meine Seele,
Getrost auf seine Verheißung.
6. Erwartet sehnlicher den Herrn,
Als Wachende den Morgen,
Den Morgen Wachende erwarten.
7. Ah, Israel! vertrau dem Herrn!
Denn bei dem Herrn ist Güte,
Und der Erlösung viel bei ihm.
8. Er wird erlösen Israel
Von seiner Sünden Schuld.

CXXXI.

1. Stufengesang.

Herr! mein Sinn verstieg sich nie;
Nie fuhr mein Blick zu hoch;
In großen, mir verhohlnen Dingen,
Verlor sich nie mein Tritt.
2. An Stille ließ ich wahrlich meine Seele
Dem Säugling gleichen, an der Mutter Brust.
Voll Kindereinfalt war stets mein Gemüt.

3. O Israel vertraue dem Herrn!
Vertrau ihm itzt und immer!

CXXXII.

1. Stufengesang.

Gedenke Herr! an David,
Sein eifervolles Streben;
2. Wie er dem Ewgen schwur,
Gelobte Jakobs Mächtigem:
3. „Ich gehe nicht in meine Hütte,
Besteige nicht mein Ruhebett,
4. Versage Schlaf dem Auge,
Den Augenlidern Schlummer,
5. Bis ich dem Ewgen einen Sitz gefunden,
Der Allmacht Jakobs eine Residenz!"
6. Nun hörten wir davon zu Ephrat;
Und fanden sie im Felde Jaar.
7. So laßt uns gehn in seine Wohnung;
Anbeten dort zu seiner Füße Schemel!
8. Zeuch ein, o Herr! in deinen Ruhesitz!
Du und die Lade deiner Herrlichkeit.
9. Laß Tugend deine Priester kleiden;
Laß deine Heiligen frohlocken!
10. Um deines Knechtes Davids willen,
Verweigre nicht, was dein Gesalbter fleht!
11. Der Herr schwur David Wahrheit zu,
(Er wendet sich von Wahrheit nie):
„Ich setz auf deinen Thron dir Leibesfrucht.
12. Wenn deine Söhne halten meinen Bund,
Das Zeugnis meines Unterrichts:
So laß ich ihre Enkel noch,
Auf deinem Throne sitzen ewig."
13. Ja Zion hat der Ewge sich erkoren,
Beliebt zu seiner Residenz.
14. „Dies ist mein Ruhesitz auf ewig!
Hier thron ich! hier gefällt mir's wohl!
15. Ich segne dieser Gegend Nahrung;
Den Armen geb' ich Brots die Fülle;
16. Mit Heil bekleid' ich ihre Priester,
Daß ihre Heiligen frohlocken!

17. Hier laß ich Davids Glückshorn wachsen;
Hell leuchten des Gesalbten Lampe.
18. Mit Schmach bekleid' ich seine Feinde,
Auf seinem Haupte blüh' sein Diadem!

CXXXIII.

1. Stufengesang Davids.

Sieh! wie fein, wie lieblich ist es,
Wenn in Eintracht Brüder leben!
2. Wie vom Haupte köstlich Salböl
Fleußet in den Bart herab;
Aarons ehrenhaften Bart,
Wallend auf des Kleides Borte;
3. Wie auf Hermon Morgentau,
Tau auf Zions Berge träufelt.
Dort befiehlt der Ewge Segen,
Lebensfreude hin, auf ewig.

CXXXIV.

1. Stufengesang.

Benedeiet dem Herrn,
Alle Knechte des Herrn!
Die ihr des Nachts in seinem Hause dienet!
2. Erhebt gen Heiligtum die Hände,
Und benedeiet dem Herrn.
3. Dich segne von Zion aus der Herr,
Der Himmel schuf und Erde.

CXXXV.

1. Hallelujah.

Lobt den Namen des Herrn!
Lobt ihr Knechte des Herrn!
2. Die ihr dient im Hause des Herrn,
Im Vorhof unsres Gottes Tempels.
3. Lobet Gott, denn er ist freundlich;
Laßt ihm ertönen, er ist liebreich!
4. Er hat Jakob sich erkoren,
Zu seinem Eigentume, Israel.
5. Dies weiß ich: größer ist der Ewige,
Unser Gott, denn alle Götterwesen;
6. Er schaffet, was ihm wohlgefällt,
Im Himmel und auf Erden,
Im Meer und allen Tiefen;
7. Führt Wolken herauf vom Ende der Erde;
Schafft zum Regen Blitze;
Entläßt aus seiner Verwahrung den Wind.
8. Er schlug Ägyptens Erstgeburt,
Von Menschen und vom Viehe;
9. Ließ über dich, Ägyptenland!
Zeichen aus und Wunder,
An Pharao und seinen Dienern.
10. Er, der große Völker schlug;
Erlegte mächtge Könige;
11. Der Amoriter König, Sichon,
Og, den König Baschans,
Und alle Reiche Kanaans.
12. Und gab ihr Land ein, zum Besitz
Seinem Volke Israel.
13. Herr! dein Name währet ewig,
Für und für dein Ruhm!
14. Der Herr schafft seinem Volke Recht;
Nimmt sich wieder seiner Diener an.
15. Der Heiden Götzen, golden, silbern,
Sind der Menschenhände Arbeit;
16. Haben Mäuler, reden nicht;
Haben Augen, sehen nicht;

17. Haben Ohren, hören nicht;
Auch webt kein Hauch in ihrem Munde.
18. Die solche machen, sind wie sie,
Die auf sie hoffen, alle so.
19. Ihr vom Hause Israels!
Benedeiet dem Herrn!
Ihr vom Hause Aarons!
Benedeiet dem Herrn!
20. Ihr, vom Hause Levi!
Benedeiet dem Herrn!
Die ihr den Herrn ehrfürchtet,
Benedeiet dem Herrn!

21. Der Ewge sei von Zion aus gelobt,
Er, der Throner zu Jerusalem.
Hallelujah!

CXXXVI.

1. Dankt dem Herrn, denn er ist freundlich;
Ewig währet seine Güte.
2. Dankt dem Gotte aller Götterwesen!
Ewig etc.
3. Dankt dem Herrn aller Herren!
Ewig etc.
4. Der große Wunder tut allein;
Ewig etc.
5. Der mit Vernunft die Himmel geschaffen;
Ewig etc.
6. Die Erd aufs Wasser ausgebreitet;
Ewig etc.
7. Der große Lichter hat gemacht;
Ewig etc.
8. Die Sonne, vorzustehn dem Tage;
Ewig etc.
9. Mond und Stern, vorzustehn der Nacht;
Ewig etc.
10. Ägypten schlug, an ihrer Erstgeburt,
Ewig etc.

11. Und führte Israel heraus;
Ewig etc.
12. Mit starker Hand und ausgerecktem Arme;
Ewig etc.
13. Der das Schilfmeer abgeteilt;
Ewig etc.
14. Und Israel hindurch geführt;
Ewig etc.
15. Und stürzte Pharao mit seinem Heer hinein!
Ewig etc.
16. Der sein Volk führt durch die Wüste;
Ewig etc.
17. Erlegte große Könige;
Ewig etc.
18. Erwürgte mächtge Beherrscher,
Ewig etc.
19. Der Amoriter König, Sichon;
Ewig etc.
20. Og, zu Baschan König;
Ewig etc.
21. Und gab ihr Land ein zum Besitz;
Ewig etc.
22. Besitz für Israel, sein Volk.
Ewig etc.
23. Der in unsrem Drucke an uns dachte;
Ewig etc.
24. Und uns vom Feind erlöste;
Ewig etc.
25. Der allem Fleische Speise gibt;
Ewig etc.
26. Dankt dem Gotte des Himmels;
Ewig währet seine Güte!

CXXXVII.

1. An den Flüssen Babels
Saßen wir und weinten,
Überdachten Zions Fall.
2. Unsre Harfen hingen wir
Dort an Weidensträuchen.
3. Ach! die uns ins Elend trieben,
Forderten Gesang von uns;
Unglücksspötter heischten Freude:
„Singet uns Gesänge Zions!“
4. Können wir Gesang des Herrn
Singen auf entweihtem Erdreich?
5. Jerusalem! vergeß' ich dein;
So vergesse meine Rechte – !
6. Meine Zunge kleb' am Gaumen,
Wenn ich deiner nicht gedenke;
Wenn bei jeder Fröhlichkeit
Dir nicht eine Zähre fleußt. –
7. Gedenke, Herr! den Söhnen Edoms
Den Tag Jerusalems!
Verheere! riefen sie, verheere,
Bis auf den tiefsten Grund!
8. O, du Zerstörerin! Tochter Babels!
Heil dem, der dir vergelten wird,
Was du an uns verübst.
9. Heil dem, der deine Brut ergreift,
Und an den Fels zerschlägt.

CXXXVIII.

1. Vom David.

Von ganzem Herzen dank ich dir,
Ertönet, Gott! mein Harfenspiel vor dir.
2. Hingestreckt zum Tempel deines Heiligtums,
Dank' ich deiner Güte, deiner Treue:
Denn du hast deinen Ruhm, dein Wort,
Über alles herrlich groß gemacht.

3. Ruf' ich dir, und du erhörest mich:
O so weckst du kühnes Selbstgefühl in mir.
4. Ja, Herr! dich preisen alle Erdenkönige,
Vernehmend deines Mundes Worte;
5. Und singen von den Wegen Gottes;
Wie groß sie sei, des Ewgen Majestät.
6. Denn erhaben ist der Ewige,
Und schaut das Niedrige
von Ferne her, so wie das Hohe.

7. Mitten in der Angst erquickst du mich;
Streckst über meiner Feinde Zorn
Die Hand aus, hilfst mit deiner Rechten mir.
8. Der Herr führts wahrlich aus für mich!
Ah! Herr! ewig währet deine Güte!
Laß nicht unvollendet
Deiner Hände Werk!

CXXXIX.

1. Dem Vorsänger Davids, ein Psalm

Herr! du erforschest mich, und weißest,
2. Ich sitz', ich stehe auf: dir ist's bekannt;
Du prüfst von ferne, was ich denke;
3. Du hast mir Gang und Lager vorgemessen,
Und meine Wege alle angeführt.
4. Bevor ein Wort auf meiner Zunge schwebt,
Hast du es Herr! schon ganz gewußt.
5. Du hast mich um und um gebildet;
Hast deine Meisterhand an mich gelegt:
6. Solch Wissen ist mir zu verborgen,
Zu hoch, daß ichs erreiche.
7. Wo soll ich hin vor deinem Geiste?
Wohin vor deinem Angesichte fliehn?
8. Stieg' ich die Himmel hinauf: so bist du da;
Und bettete ich mir die Unterwelt: so fänd' ich dich.

9. Schwüng ich der Morgenröte Flügel,
Am Äußersten des Meers zu ruhn:
10. Sie würd' auch dort mich leiten, deine Hand;
Auch dort ergriff' mich deine Rechte.
11. Und spräch' ich: Finsternis bedecke mich!
So würde selbst die Nacht um mich zu Lichte.
12. Finsternis verdunkelt nichts vor dir,
Nacht leuchtet gleich dem Tage,
Und Hell und Dunkel ist dir gleich.
13. Denn du hast meine Nieren innerlich gebaut;
Hast mich bedeckt in meiner Mutter Schoß.
14. (Ich danke dir, daß ich so wunderbar geschaffen!
Unbegreiflich wunderbar sind deine Werke:
Das erkennet meine Seele wohl).
15. Dir ist unverholen mein innerstes Gebein,
Da im Verborgnen ich bereitet ward,
Gewebt im tiefsten Schoß der Erde:
16. Im Keime sahn mich deine Augen schon.
Aufgezeichnet sind in deinem Buche,
Die Tage, die mir werden sollten,
Als keiner noch derselben war.
17. Begriffe Gott! von dir umfaßt, wie unschätzbar sind sie mir!
Ihre Anzahl, wie unendlich groß!
18. Zähl' ich? Ihrer sind mehr als des Sandes.
Ich endige, und bleibe noch bei dir. –
19. Wenn ich dem Frevler fluche: töt' ihn Gott!
Wenn ich die Blutbegierigen verstoße;
20. (Die dich zu Bubenstücken nennen,
Bei deinem Namen Meineid schwören):
21. So haß ich, Herr! ja deine Hasser,
Verabscheue die, so wider dich sich setzen.
22. Ich hasse sie mit unbegrenztem Hasse;
Als meine Feinde sind sie mir.
23. Erforsch' mich, Gott! erfahre mein Gemüt!
Prüfe meines Herzens Regung!
24. Erfahr' ob an mir sei, ein Weg des Jammers,
Und leite mich den Weg zur Ewigkeit.

CXL.

1. Dem Sangmeister. Ein Psalm Davids.

2. Herr! rette mich von bösen Menschen!
Bewahre mich vor freveln Leuten;
3. Die im Herzen Tücke sinnen,
Täglich Streit erregen.
4. Die Zunge schärfen sie, der Schlange gleich,
Und Otterngift brennt unter ihren Lippen.
5. Bewahr' mich vor der Hand des Bösewichts!
Behüte mich, o Herr! vor freveln Leuten,
Die meinen Gang zu fällen drohen.
6. Die Stolzen legen Strick und Schlingen ein;
Breiten aus ihr Netz am Wege;
Und stellen heimlich Fallen mir.
7. Ich rufe: Herr! du bist mein Gott!
Erhöre meines Flehens Stimme!
8. Herr! Ewiger! mein Sieg! mein Heil!
Du deckst mein Haupt zur Rüstungszeit!
9. Erfüll' des Frevlers Wünsche nicht!
Laß seine Tücke nicht gelingen!
Sie möchten des sich sonst erheben. – –
10. O daß meiner Widersacher Haupt
Das Unheil ihrer eignen Lippen decke!
11. Blitzstrahl fähret über sie –
Er stürzt sie hin, in Glut,
In tiefe Gruft, wo kein Aufkommen ist.
12. Verleumder bleiben nicht im Lande.
Das Laster selbst bestrickt und stürzt den Frevler.
13. Ich weiß, der Herr schafft Unterdrückten Recht;
Und führt des Hülfbedürftgen Sache.
14. Auch werden dir Gerechte danken;
Die Redlichen vor deinem Antlitz bleiben.

CXLI.

Psalm Davids.

1.

1. Herr! ich rufe dir, eile mir zu helfen!
Höre meine Stimme, wenn ich zu dir flehe.
2. Laß mein Gebet, wie Weihrauch, vor dir tügen;
Mein Händefalten, wie ein Abendopfer.
3. Ewiger! bewahre meinen Mund;
Bewahre meiner Lippen Türe!

2.

4. Laß nicht mein Herz, dem Frevel hold,
Mit ungerechten Landesfürsten
Gottlose Tyrannei verüben.
Mich ekeln ihre Lustgerichte!
5. Wohltätig wie die Liebe, sind
Des Tugendhaften Schläge.
Er züchtige und überführe mich!
Des Salböls Duft umnebelt meine Sinne nicht.
Ich bete noch, da jene Schandtat üben.
6. Auch werden die in Felsenkluft entschlüpfen,
Einst ihrer Taten Richter sein.
Meinen Worten folgen sie;
Denn sie gebieten sanft.
7. Des Landmanns, der im harten Boden wühlet,
Und unser königlich Gebein,
Zerfällt ja beides an der Gruft.

3.

8. Auf dich, Herr! Ewiger! schaun meine Augen!
Auf dich vertrau' ich!
Verstoße meine Seele nicht!
9. Bewahre mich vor Schlingen,
Die sie mir eingelegt;
Vor der Übeltäter Falle!
10. O daß in ihre eigne Netze,
Frevler sich vestrickten,
Allesamt, bis ich vorüber bin!

CXLII.

1. Unterweisung von David. Gebet, da er in der Höhle war.

2. Mit lauter Stimme schrei ich zum Herrn;
Mit lauter Stimme ruf ich an;
3. Schütte meine Klage vor ihm aus;
Bringe meine Not vor ihn;
4. Wenn mein Geist in mir verzagt.
Dir! dir ist mein Pfad bekannt!
Wohin ich trete,
Sind Schlingen mir gelegt.
5. Schaue hier, blicke dort!
Niemand will mich kennen.
Alle Zuflucht ist dahin;
Meiner nimmt sich niemand an.
6. Ich schreie, Herr! zu dir!
Du bist noch meine Zuversicht,
Mein Erbteil in dem Lebenslande!
7. Vernimm mein Angstgeschrei;
Ich werde hart geplagt.
Rette von Verfolgern mich;
Denn mir sind sie zu mächtig.
8. Befrei mich aus dem Kerker,
Daß ich deinem Namen danke.
Gerechte krönen sich durch mich,
Wenn du Wohltat mir erzeigest.

CXLIII.

1. Dem Sangmeister, ein Psalm Davids.

Vernimm mein Flehen, Herr!
Und merk auf mein Gebet.
Erhöre mich nach deiner Wahrheit,
Nach deiner Allgerechtigkeit!
2. (Und geh nicht ins Gericht mit deinem Knechte.
Was lebt, besteht nicht ohne Schuld vor dir.)

3. Der Feind verfolget meine Seele;
Drückt meinen Lebensgeist zu Boden;
Und legt mich ein, wie ewig hingeschieden,
In öde Finsternis.
4. So äußert sich mein Geist in mir;
Das Herz erstarrt in meinem Busen;
5. Ich denk' an vor'ge Zeit zurück,
Erwäge deine Taten alle,
Sinne deinen Werken nach;
6. Und breite meine Hände aus zu dir;
Wie dürres Land, lechzt mein Gemüt nach dir.
7. Eile, Herr, erhöre mich!
Mein Geist vergeht vor Sehnsucht!
Verbirg dein Antlitz nicht vor mir!
Sonst gleich ich eingesenkten Leichen.
8. Laß mich früh von deiner Gnade hören,
Denn ich vertrau auf dich.
Zeig mir den Weg, auf den ich gehen soll;
Denn zu dir erheb' ich meine Seele.
9. Errette mich von Feinden, Herr!
Bei dir bin ich geborgen.
10. Lehre mich nach deinem Wohlgefallen wandeln;
Denn du bist ja mein Gott!
Dein Geist, das höchste Gut,
Leite mich auf ebner Bahn.
11. Um deines Namens willen, Herr!
Erquicke mich!
Deine Allgerechtigkeit
Befrei mich aus der Not!
12. Um deiner Güte willen
Verstöre meine Feinde;
Verbanne alle, die mich ängsten,
Denn ich bin ja dein Knecht.

CXLIV.

1. Vom David.

Dank sei dem Herrn, meinem Horte,
Der meine Hände lehret streiten,
Meine Fäuste Kriege führen.
2. Mein Freund! Mein Schutz!
Errettung mir und Burg!
Schild, auf den ich traue,
Der Völker zwinget unter mich!
3. Herr! was ist der Mensch,
Daß du dich sein so annimmst?
Der Erdensohn, daß du ihn achtest?
4. Der Mensch ist einem Hauche gleich,
Und seine Tage
Dem Schatten, der vorüberwallt. –

2.

5. „Herr, neige die Himmel; fahre herab!
Betaste die Berge, sie rauchen.
6. Wirf Blitze, streu sie hin!
Schieß Pfeile ab, schleuder' umher!
7. Strecke deine Hand mir aus der Höhe!
Befreie, rette mich von großen Fluten,
Von fremder Völker Macht!
8. Trug und Falschheit lehrt ihr Mund,
Meineid ihre Rechte".

3.

9. Gott! nun sing ich dir ein neues Lied,
Und spiel es auf Zehnsaitenpsalter:
10. „Der du den Königen den Sieg gegeben,
Gerettet David deinen Knecht,
Vom mörderischen Schwert.
11. Befreie, rette mich von fremder Völker Macht!
Trug und Falschheit lehrt ihr Mund,
Meineid ihre Rechte."

4.

12. Jetzt wachsen auf, wie Schößlinge,
In ihrer Jugend unsre Söhne;
Unsre Töchter Säulen gleich,
Bildhauerwerk, des Tempels Zier.
13. Voll sind unsre Kammern,
Reichen über Vorrat Vorrat.
Die Schafe tragen tausende,
Zehntausende auf unsern Triften.
14. Unsere Rinder wohlbeleibt. –
Kein Schaden, kein Verlust,
Noch Klaggeschrei auf unsern Straßen.
15. Wohl dem Volke, dem es so ergehet!
Wohl dem Volke, dessen Gott der Ewge!

CXLV.

(Alaphabetisch.)

Loblied Davids.

1. Mein Gott! o König! dich will ich erheben;
Deinen Namen ewig benedeien.

2. Täglich benedei ich dir;
Lobe deinen Namen ewig.

3. Groß ist Gott und hochgepriesen:
Doch unerforschlich seine Größe.

4. Ein Geschlecht dem andern rühmet deine Werke;
Machen deine Allmacht kund.

5. Pracht und Schöne deiner Majestät,
Deine Wundertaten, will ich singen.

6. Alles spricht von Ehrfucht deiner Allmacht,
Auch ich will deine Herrlichkeit verkünden.

7. Alles singt ein Denkmal deiner großen Güte,
Und rühmt deine Allgerechtigkeit.

8. Allgnädig, allbarmherzig ist der Herr!
Langmütig und von großer Güte.

9. Allen ist der Herr wohltätig,
Erbarmt sich seiner Werke aller.

10. Herr! dir danken deine Werke alle,
Dir benedeien deine Heiligen.

11. Besingen deines Reiches Majestät,
Unterhalten sich von deiner Allmacht.

12. Den Menschen deine Allmacht zu verkünden;
Die Majestät und Schöne deines Reichs.

13. Dein Reich ist aller Ewigkeiten Reich.
Deine Herrschaft währet für und für.

14. Alle Fallende erhält der Herr,
Richtet die Gebeugten auf.

15. Aller Augen schauen nach dir hin,
Und du gibst ihnen Speise in der Zeit.

16. Allmilde öffnest du die Hand,
Und sättigst, was da lebt, mit Wohltun.

17. Auf allen seinen Wegen ist der Herr gerecht,
In allen seinen Taten gütig.

18. Der Herr ist nahe, allen die ihn rufen;
Allen, die aufrichtig ihn anrufen.

19. Er tut, was Gottesfürchtigen behagt;
Erhört ihr Schreien, hilft ihnen aus.

20. Er schützet alle die ihn lieben,
Und rottet alle Frevler aus.

21. Mein Mund soll Lob des Ewigen singen;
Alles Fleisch lobsinge seiner Heiligkeit,
Ewiglich und immer!

CXLVI.

1. Hallelujah.

Den Ewgen lobe meine Seele!
2. Ich lobe meinen Gott, so lang' ich lebe;
Mein Saitenspiel ertönt dem Ewgen,
So lange ich da bin.
3. Vertrauet nicht auf Fürsten.
Auf Menschenkind, das wenig helfen kann.
4. Der Geist verläßt ihn;
Dann kehrt er wieder hin zu seiner Erde,
Aus ists mit seinen weisesten Entwürfen.
5. Wohl dem, der Jakobs Gott zur Hülfe hat;
Der auf den Herrn vertraut, auf Gott,
6. Der Himmel, Erde, Meer und alles,
Was in ihnen ist, geschaffen;
der Treu und Wahrheit ewig hält;
7. Der Unterdrückten Recht verschafft;
Der Speise gibt den Hungrigen.
Der Ewge löst Gebundene.
8. Der Ewige macht Blinde sehend.
Der Ewige richtet die Gebeugten auf.
Der Ewige liebt gerechte Männer.
9. Der Ewige schützt die Fremdlinge.
Er richtet Witwen auf und Waisen,
Und führt auf krummen Pfad die Frevler.
10. Der Herr regieret ewiglich;
Dein Gott, durch alle Zeiten, Zion!
Hallelujah!

CXLVII.

1. Hallelujah.

Dann köstlich ist es,
Unserm Gott Lob anstimmen;
Solch Lobgesang ist schön und lieblich.
2. Der Herr erbaut Jerusalem,
Versammlet wieder Israels Verjagte.
3. Zerbrochne Herzen heilet er!
Verbindet ihre Schmerzen.
4. Der Sternen Zahl hat er bestimmt,
Und nennet alle sie mit Namen.
5. Groß ist unser Herr, und allgewaltig;
Unaussprechlich sein Verstand.
6. Der Ewge richtet auf die Unterdrückten,
Und stößt die Frevler hin zur Erde.
7. Stimmt dem Ewgen Wettgesänge an!
Rührt unserm Gotte Harfenspiel!
8. Ihm, der den Himmel deckt mit Wolken,
Der Erde Regen zubereitet:
Und Gras auf Bergen wachsen macht.
9. Ihm, der dem Vieh sein Futter gibt;
Den jungen Raben gibt, wonach sie schreien.
10. Er hat nicht Lust an Rosses Stärke,
An Manneskraft nicht Wohlgefallen.
11. Dem Herrn gefällt, wer ihn ehrfürchtet;
Wer nur auf seine Güte hoffet.
12. Jerusalem! o preise deinen Herrn!
Lobe Zion! deinen Gott!
13. Er macht die Riegel deiner Tore fest,
Und segnet deine Kinder innerhalb.
14. Er schaffet deinen Grenzen Sicherheit;
Und sättigt dich des besten Weizen.
15. Sendet er sein Wort auf Erden:
Wie schnell läuft sein Befehl.
16. Er bringet Schnee, wie Wollenflocken,
Streuet Reif, wie Asche hin.
17. Wirft Schollen Eis in Stücken;
Wer kann vor seinem Frost bestehen?

18. Denn sendet er sein Wort, es schmilzt –
Läßt seine Winde wehn, es tauet auf.
19. Seinen Willen macht er Jakob kund,
Gab Israel Gesetz und Recht.
20. So tat er keinem Heidenvolke;
Noch offenbart ihn seine Rechte.
Hallelujah!

CXLVIII.

1. Hallelujah!

Lobt den Herrn, vom Himmel her!
Lobt ihn dort, in jener Höhe!
2. Lobt ihn, alle seine Engel!
Lobt ihn, alle seine Heere!
3. Lobt ihn, Sonn und Mond!
Lobt ihn, alle Lichtgestirne!
4. Lobt ihn, aller Himmel Himmel!
Gewässer in der Himmelsluft!
5. Alles lobe seinen Namen;
Denn er gebot – sie wurden,
6. Und er erhält sie ewiglich.
Er gab Gesetz, unübertretbar.
7. Lobt den Herrn, ihr von der Erde!
Seewunder! Meerestiefen alle!
8. Blitz, Hagel, Schnee und Nebel!
Sturmwind, der sein Geheiß vollstreckt!
9. Gebirg' und alle Hügel!
Fruchtbäum' und Zedern alle!
10. Gewild und zahmes Tier!
Gewürm und luftiges Gefieder!
11. Der Erden Könige und Staaten,
Ihr Fürsten und Beherrscher!
12. Jünglinge und Jungfrauen,
Im Alter, in der Jugend:

13. Des Ewgen Namen lobe alles!
    Denn er allein ist hoch erhaben.
    Sein Ruhm geht über Erd und Himmel.
14. Er hebet seines Volkes Horn:
    Ein Lobgesang für seine Freunde!
    Für Israelen, ihm verwandtes Volk.
        Hallelujah.

CXLIX.

1. Hallelujah.

Singet ein neues Lied dem Herrn!
    Sein Lob im Chore seiner Frommen!
2. Es freut sich seines Stifters, Israel!
    Zions Kinder frohlocken ihres Königs;
3. Und loben ihn im Reihentanz;
    Und rühren Pauken ihm und Harfen!
4. Denn er ist seinem Volke gnädig,
    Und krönt mit Sieg die Unterdrückten.
5. Nun freun sich seines Ruhms die Frommen,
    Frohlocken laut auf ihrem Lager.
6. Lob Gottes führen sie im Munde,
    Zweischneidig Schwert in ihrer Hand;
7. Und üben Rache an Barbarn,
    Züchtigung an Staaten aus;
8. Und binden ihre Könige mit Ketten,
    Mit eisern Fesseln ihre Edlen;
9. Das Urteil, das geschrieben steht,
    An ihnen zu vollziehen.
    Ehrenvoll für seine Frommen!
        Hallelujah.

CL.

1. Hallelujah.

Lobt Gott in seinem Heiligtum!
Lobt ihn in seiner Allmacht Veste!
2. Lobt ihn in seinen Wundertaten!
Nach seiner großen Herrlichkeit!
3. Lobt ihn mit Klange der Posaunen!
Lobt ihn mit Harf und Psalter!
4. Lobt ihn mit Pauk und Reigen!
Mit Saitenspiel und Flöten!
5. Lobt ihn mit hellem Cymbelklang!
Mit schmetterndem Getös der Cymbeln!
6. Lobt den Ewgen, was nur Odem hat!
Hallelujah.

WORTERKLÄRUNGEN

Abimelech: König von Gath; in Psalm 34, 1 ist aber eine Begebenheit beim König Akisch gemeint.

Abiram: Bruder Dathans; war an der Empörung der Rotte Korachs gegen Moses beteiligt.

Alamoth: vielleicht Musikinstrument.

Amalek: Enkel Esaus; Stammvater eines Nomadenstammes, der die Israeliten schon auf dem Weg nach Kanaan bekämpfe, im Zeitalter Sauls und Davids vernichtend geschlagen.

Ammon: von Lot stammendes, mit den Israeliten verfeindetes Volk; von David unterworfen.

Assaph: hatte zur Zeit Davids eine wichtige Position am Jerusalemer Tempel.

Assur: Stadt am rechten Tigrisufer; Stammvater: Sohn Sems. In Psalm 83, 9 arabischer Stamm im Süden Palästinas.

Baschan = *Bassan:* nördlichster Teil des Ostjordanlandes, besonders fruchtbar; seine feisten Stiere und fetten Widder sind Bilder für ungezügelte Leidenschaft.

Bathseba: Weib des Hethiters Uria; David begehrte sie, schickte ihren Mann auf einen Kriegszug, wo er umkam, und heiratete sie; Mutter Salomos.

bekleiben: wurzeln, anhaften.

benedeien: segnen.

Cham = *Ham:* Sohn Noahs, der ihn in seinem Sohn Kanaan verflucht, dessen Nachkommen Sklaven seiner Brüder sein sollten; Stammvater der nordafrikanischen und südarabischen Völker. Ägypten: Land Chams.

Cusch: siehe Kusch

Dathan: Sohn Eliabs, am niedergeschlagenen Aufstand Korachs beteiligt, machte Aaron das alleinige Priestertum streitig.

Doeg: Edomiter im Dienste Sauls als Vorsteher der königlichen Hirten, verriet Davids Besuch bei Abimelech an Saul.

Edom: von Esau abstammendes Brudervolk der Israeliten, wegen seiner Klugheit in hohem Ansehen; in Feindschaft mit den Israeliten, zog Vorteil aus dem Fall Jerusalems, indem es einen Teil des judäischen Gebietes in Besitz nahm.

Endor: Ort südlich vom Tabor, Hauptschauplatz der Taborschlacht.

Ephraim: jüngerer Sohn Josephs; neben Juda bedeutendster jüdischer Stamm, Gebiet vom Jordan bis zum Mittelmeer.

Ephrat: Bethlehem.

Estrich geändert aus Oestrich: Fußboden.

Ethan: vermutlich Leiter der Tempelmusik unter David.

Farre: meist junger Stier.

Fetten: zu deuten als Hartherzigkeit, die aus Fettigkeit (Wohlleben) kommt.

Gath: eine der fünf Philisterstädte, Heimat Goliaths; 47 km südwestlich von Jerusalem.

Gebol = Gebal: nördlicher Teil des Gebirges von Edom am Toten Meer.

Gilead: das Land östlich des Jordans.

Gittith: bezieht sich eventuell auf „Weinpresse" und meint dann soviel wie „Kelter (-lieder)", oder es bedeutet Musikinstrumente, die aus der Stadt Gath stammen.

gleisnen, im Original ‚gleißnen': heucheln.

Hagariter: arabische Wüstenstämme, die von Hagar, der vertriebenen Magd Saras, abstammen.

al-Haschminith: wörtlich: „auf der Achten", kann ein achtsaitiges Instrument meinen.

helfenbeinen: aus Elfenbein.

Hemann: Leiter der Tempelmusik unter David.

Hermon: 2760 m hoher Berg des Libanon, reich an wilden Tieren.

Horeb: Sinai.

Hysop: Pflanze, die beim Auszug aus Ägypten zur Blutbestreichung, später bei der rituellen Reinigung verwendet wurde; wahrscheinlich Oreganum Malu.

Ismael: Abrahams Sohn mit der Magd Hagar, Stammvater der kriegerischen Araber.

Jaar: geographischer Name.

Jabin: König von Hazor, einer Stadt am Ostfuß des obergaliläischen Gebirges.

Jeduthun: Sangmeister Davids.

Jeminitten: Jemini: Land im Gebirge Ephraim.

Jischai = Isai: Vater Davids, nach der griechischen Aussprache Jesse.

Jonath Elem Rechokim: vielleicht ein Musikinstrument; Luther übersetzt wörtlich: „von der stummen Tauben unter den Fremden".

Kadesch: Quelle 100 km südlich von Gaza, wichtigste Station auf dem Wüstenzug der Israeliten.

Kedar: Volk von Hirten und Viehzüchtern in der nördlichen syrisch-arabischen Wüste.

Kischon: Bach, der am Berg Tabor entspringt und bei Haifa ins Mittelmeer mündet; Ort der Deboraschlacht.

Söhne Korachs: die Korachiter sind die Sängergilde am Jerusalemer Tempel.

Kusch: erster Sohn Chams, Stammvater von fünf arabischen Stämmen; in den Psalmen: Äthiopien; Psalm 7, 1: ein Benjaminiter.

Lot: Neffe Abrahams; weil er gerecht war, entrann er dem Untergang Sodoms; dem Inzest mit seinen Töchtern entstammen die Moabiter und die Ammoniter.

Machlath: könnte „nach Krankheit" bedeuten, ein Blasinstrument meinen oder einen Tanzhinweis geben.

Menasse (Manasse): Stamm Gideons.

Meriba: „Hader"; Bezeichnung jener Stelle, wo auf ihrem Wüstenzug die Israeliten mit ihrem Hadern Gott wegen Wassermangels versuchten.

Meschech: Volk an der Südostküste des Schwarzen Meeres.

Midianiten: Stamm am Golf von Akaba.

Moab: Land westlich des Toten Meeres.

Muthlaben: vielleicht Melodiehinweis „Nach ‚Stirb für den Sohn!'", könnte auch „männlicher Sopran" heißen.

Myriaden: wörtlich: viele Zehntausende; übertragen: Unzahl.

Naphtali: fruchtbarer Landstreifen westlich vom See Genezareth und am oberen Jordan.

Nathan: Prophet am Hof Davids, Erzieher Salomos; klagte David wegen des Ehebruchs mit Bathseba und des Mordes an Urija an.

Nechiloth: wohl Musikinstrument.

Neginoth: nicht näher bekanntes Saiteninstrument.

Og: König von Baschan und dem nördlichen Gilead, unter Moses von den Israeliten besiegt.

Ophir: das Land, aus dem Salomo Gold holen ließ und das Josaphat nicht erreichte; man hat es in Indien und Südafrika gesucht, vermutlich aber lag es an der heutigen Somaliküste.

Oreb: Anführer der Midianiter, von Gideon besiegt.

Philister: nicht-semitisches Volk an der Küste südlich von Jaffa, Feinde Israels, von David geschlagen; von ihnen ist der Name Palästina abgeleitet.

Pinehas (Pinchas): Priester und Enkel Aarons; tötete ein auf frischer Tat ertapptes sündiges Paar.

Rabba: „die Große, Stadt, Hauptstadt"; Hauptstadt des Ammoniterreiches, von David erobert.

Reem, Reemim: Büffel.

Salmuna = Zalmuna: midianitischer König, der von Gideon geschlagen und getötet wurde.

Scheba = Saba: Land in Südarabien, heutiger Jemen.

Schigaion: „Klagelied".

Schirion = Sirion: Hermon (siehe dort).

Schmuel = Samuel.

Seba: Gebiet in Äthiopien, das vom Blauen und vom Weißen Nil umschlossen wird.

Sebach: Anführer der Midianiter von Gideon besiegt (wie Oreb und Seeb im gleichen Vers).

Sebulun = Sebulon: die weitere Umgebung von Nazareth und ein dortiger Stamm.

Selah = Sela: die Bedeutung ist völlig ungeklärt; eventuell „Zwischenspiel", aber auch „in Ewigkeit", vielleicht auch nur musikalisches Zeichen.

Sichem: Stadt 50 km nördlich von Jerusalem in einem der fruchtbarsten Täler von Palästina, heute Nablus.

Sichon = Sihon: König der Amoriter, besiegte die Moabiter und gründete ein bedeutendes Reich im Ostjordanland.

Sirjon Hysop (Ysop): siehe Hysop.

Sissera, Sisserea = Sisera: Feldhauptmann des Kanaaniterkönigs Jabin.

Succoth: Ort im Ostjordanland.

Tarschisch = Tharsis: eine phönizische Kolonie im südwestlichen Spanien (= Tartessos).

Tartsche: der Schild.

tügen: gelten.

Turn: Turm.

Tyrus: Inselstadt an der Mittelmeerküste, heute Tyr (Libanon), und das benachbarte Gebiet.
Unschlitt: Talg.
„Vertilge nicht": wohl Melodiebezeichnung.
wascht von mir: spricht, tratscht (vgl. Gewäsche).
Zalmuna: siehe Salmuna.
Zedek: wohl Kurzform für die Stadt Melchizedek, also Jerusalem.
Zendavest: Zend-Awasta, Awesta: die Gesamtheit der altiranischen religiösen Texte der Zoroastrier.
Zur = Zor: Tyrus.

EDITORISCHE NOTIZ

Der Text folgt der zweiten Auflage, die gegenüber der Erstausgabe von 1783 – zweifellos auf Mendelssohn zurückgehende – Berichtigungen und Änderungen enthält (vgl. die Ausführungen des ungenannten Herausgebers S. 8-9): *Die Psalmen.* Übersetzt von Moses Mendelssohn. Zweite, rechtmäßige und verbesserte Auflage. Berlin: Friedrich Maurer 1788. XII, 358 Seiten.

Wenige offensichtliche Druckfehler wurden stillschweigend korrigiert, Versziffern ergänzt, wo sie fehlen. Die kritische Ausgabe (siehe Literaturverzeichnis) folgt der Erstausgabe von 1783 selbst in offensichtlichen Druckfehlern und Versehen, verzeichnet aber die Unterschiede zur 2. Auflage in ihrem Apparat nur unvollständig.

Die Rechtschreibung wurde für die vorliegende Ausgabe behutsam modernisiert, nicht angetastet wurden jedoch der Lautstand und Schreibweisen, die wie z.B. „zu Schanden werden" einen anderen Sinn als das moderne, abgeschwächte „zuschanden werden" haben. – Mendelssohns Schreibung von Eigennamen, geographischen Namen und Begriffen wurde ebenso wie seine Zeichensetzung beibehalten (auch „hörts" statt „hört's"). Lediglich die Wiederholung von Anführungszeichen jeweils zu Versbeginn wurde weggelassen.

Für die Hilfe bei der Zusammenstellung der Worterklärungen sowie bei der Textredaktion danke ich Herrn Daniel Fulda.

LITERATURVERZEICHNIS

Textausgaben

Mendelssohn, Moses: Gesammelte Schriften. Jubiläumsausgabe. Begonnen von Ismar Elbogen, Julius Guttman, Eugen Mittwoch. Fortgestzt von Alexander Altmann, Eva J. Engel. In Gemeinschaft mit Fritz Bamberger u.a. [Bisher:] Bd. 1-5, 1; 6-8; 10-19. Stuttgart: Friedrich Frommann (Günther Holzboog) 1971-1991.
Bd. 10, 1-2: Schriften zum Judentum IV [darin: Psalmenübersetzung]. Unter Benutzung von teilweisen Vorarbeiten aus dem Nachlaß von Simon Rawidowicz bearb. von Werner Weinberg. Mit Beitr. von Alexander Altmann. 1985.
Bd. 11-13 enthalten die Briefe in deutscher Sprache.

Cramer, Johann Andreas: Poetische Übersetzung der Psalmen mit Abhandlungen über dieselben. Theil 1-3. Leipzig: Breitkopf 1755-1764.

Knapp, Georg Christian: Die Psalmen. Uebersetzt und mit Anmerkungen. Halle: Johann Jacob Gebbauer 1778.

Lowth, Robert: Lectures on the Sacred Poetry of the Hebrews; translated from the Latin of the Right Rev. Robert Lowth, D.D. [...] by G. Gregory, F.A.S. [...] To which are added, the principal notes of Professor Michaelis, and notes by the translator and others. Bd. 1-2. London: J. Johnson, 1787. Faksimile-Druck: New York: Garland 1971.

Luther, Martin: Die gantze Heilige Schrifft Deudsch. Wittenberg 1545. Letzte zu Luthers Lebzeiten erschienene Ausgabe. Hrsg. von Hans Volz unter Mitarb. von Heinz Blanke. Textredaktion Friedrich Kur. Bd. 1-2. München: Rogner & Bernhard 1972.

Luther, Martin: Werke. Kritische Gesamtausgabe. Weimar: Böhlau 1883-1990.
Abteilung I: Werke. Bd. 1-64. 1883-1990.
Abteilung II: Deutsche Bibel. Bd. 1-12. 1906-1961.
Abteilung IV: Briefwechsel. Bd. 1-18. 1930-1985.

Michaelis, Johann David: Deutsche Übersetzung des Alten Testaments, mit Anmerkungen für Ungelehrte. Der sechste Theil welcher die Psalmen enthält. Zweite, verbesserte u. vermehrte Aufl. Göttingen und Gotha: Vandenhoeck 1782 (Erste Ausgabe: 1771).

Bibliographie und Forschungsbericht

Meyer, Hermann M. Z.: Moses Mendelssohn Bibliographie. Berlin: de Gruyter 1965.

Albrecht, Michael: Moses Mendelssohn. Ein Forschungsbericht 1965-1980. – In: Deutsche Vierteljahrsschrift für Literaturwissenschaft und Geistesgeschichte 57 (1983), S. 64-166.

Die neuesten und wichtigsten Untersuchungen zum Thema

Albrecht, Michael: Moses Mendelssohn. 1729-1786. Das Lebenswerk eines jüdischen Denkers der deutschen Aufklärung. Ausstellung im Meißnerhaus der Herzog August Bibliothek Wolfenbüttel vom 4.-24. September 1986. Weinheim: VCH Acta humaniora 1986 (Ausstellungskataloge der Herzog August Bibliothek. 51).

Altmann, Alexander: Moses Mendelssohn. A Biographical Study. London: Routledge & Kegan Paul 1973. [Die grundlegende Arbeit.]

Altmann, Alexander: Die trostvolle Aufklärung. Studien zur Metaphysik und politischen Theorie Moses Mendelssohns. Stuttgart-Bad Cannstatt: Fromann-Holzboog 1982 (Forschungen und Materialien zur deutschen Aufklärung. 3).

Aufklärung und Haskala in jüdischer und nichtjüdischer Sicht. Hrsg. von Karlfried Gründer und Nathan Rotenstreich. Heidelberg: Lambert Schneider 1990 (Wolfenbütteler Studien zur Aufklärung. 14).

Ben-Chorin, Schalom: Jüdische Bibelübersetzungen in Deutschland. – In: Leo Baeck Institute Yearbook 4 (1959), S. 311 bis 331.

Dyck, Joachim: Athen und Jerusalem. Die Tradition der argumentativen Verknüpfung von Bibel und Poesie im 17. und 18. Jahrhundert. München: Beck 1977 (Edition Beck).

Encyclopaedia Judaica. Editor in chief: Cecil Roth, Geoffrey Wigoder. Jerusalem: Encyclopaedia Judaica 1971-1972; hier besonders die Artikel *Bible*, *Psalms* und *Mendelssohn*.

Fisch, Harold: Poetry with a Purpose. Biblical Poetics and Interpretation. Bloomington & Indianapolis: Indiana University Press 1988 (Indiana Studies in Biblical Literature).

Friedländer, David: Etwas über die Mendelssohnsche Psalmenübersetzung. – In: Berlinische Monatsschrift 8 (1786), S. 523 bis 550.

Gunkel, Hermann: Einleitung in die Psalmen. Die Gattungen der religiösen Lyrik Israels. Zu Ende geführt von Joachim Begrich. 2. Aufl. Göttingen: Vandenhoeck & Ruprecht 1966.

Gutzen, Dieter: Poesie der Bibel. Beobachtungen zu ihrer Entdeckung und ihrer Interpretation im 18. Jahrhundert. Bonn, Phil. Diss. 1972.

Kayserling, Meyer: Moses Mendelssohn. Sein Leben und seine Werke. Nebst einem Anhang ungedruckter Briefe von und an Moses Mendelssohn. Leipzig: Hermann Mendelssohn 1862 (Schriften hrsg. zur Förderung der israelitischen Literatur. 7). – Nachdruck: Hildesheim: Gerstenberg 1972. [Besser ist:] 2. Aufl. 1888.

Kugel, James L.: The Idea of Biblical Poetry. Parallelism and Its History. New Haven and London: Yale University Press 1981.

Leben und Werk Martin Luthers von 1526 bis 1546. Festgabe zu seinem 500. Geburtstag. Im Auftrag des Theologischen Arbeitskreises für Reformationsgeschichtliche Forschung hrsg. von Helmar Junghans. Bd. 1-2. Göttingen: Vandenhoeck & Ruprecht 1983.

Lessenich, Rolf P.: Dichtungsgeschmack und althebräische Bibelpoesie im 18. Jahrhundert. Zur Geschichte der englischen Literaturkritik. Köln, Graz: Böhlau 1967 (Anglistische Studien. 4).

Lücker, Maria: Die französischen Psalmenübersetzungen des XVIII. Jahrhunderts als Ausdruck der geistigen Strömungen der Zeit. Bonn und Köln: Röhrscheid 1933 (Studien zur abendländischen Geistes- und Gesellschaftsgeschichte. 4).

Mendelssohn-Studien. Beiträge zur neueren deutschen Kultur- und Wirtschaftsgeschichte. Bd. 4: Zum 250. Geburtstag von Moses Mendelssohn. Hrsg. von Cécile Lowenthal-Hensel und Rudolf Elvers. Berlin: Duncker & Humblot 1979.

Raeder, Siegfried: Luther als Ausleger und Übersetzer der Heiligen Schrift. – In: Leben und Werk Martin Luthers, Bd. 1, S. 253-278, Bd. 2 (Anmerkungen), S. 800-805.

Schoeps, Julius H.: Moses Mendelssohn. Königstein/Taunus: Jüdischer Verlag Athenäum 1979.

Siegel, Monique Ring: Die Psalmen bei Martin Luther und Moses Mendelssohn. Ein Vergleich zweier Übersetzungen. Phil. Diss. New York University 1971.

Staerk, Willy, und Albert Leitzmann: Die Jüdisch-Deutschen Bibelübersetzungen von den Anfängen bis zum Ausgang des 18. Jahrhunderts. Nach Handschriften und alten Drucken dargestellt. Mit einem Glossar von Fr. Braun-Jena. Frankfurt am Main: Kauffmann 1923 (Schriften hrsg. von der Gesellschaft zur Förderung der Wissenschaft des Judentums. 31).

Stolt, Birgit: Luthers Übersetzungstheorie und Übersetzungspraxis. – In: Leben und Werk Martin Luthers, Bd. 1, S. 241-252, Bd. 2 (Anmerkungen), S. 797-800.

Über den Werth der Mendelssohnschen Psalmen-Übersezung. – In: Deutsches Museum 13 (1788) Bd. 1, S. 442-450.

Zur neueren Psalmenforschung. Hrsg. von Peter H. A. Neumann. Darmstadt: Wissenschaftliche Buchgesellschaft 1976 (Wege der Forschung. 192).

NACHWORT

Am 16. August 1783 schreibt Immanuel Kant an Moses Mendelssohn einen Brief voller Bewunderung für die „Scharfsinnigkeit, Feinheit und Klugheit“ seines Buches *Jerusalem oder über religiöse Macht und Judentum* (1783): „Ich halte dieses Buch vor die Verkündigung einer großen, obzwar langsam bevorstehenden und fortrückenden Reform, die nicht allein Ihre Nation, sondern auch andere treffen wird. Sie haben Ihre Religion mit einem solchen Grade von Gewissensfreyheit zu vereinigen gewußt, die man ihr gar nicht zu getrauet hätte und dergleichen sich keine andere rühmen kan. Sie haben zugleich die Nothwendigkeit einer unbeschränkten Gewissensfreyheit zu jeder Religion so gründlich und hell vorgetragen, daß auch endlich die Kirche unserer Seits darauf wird denken müssen, wie sie alles, was das Gewissen belästigen und drücken kan, von der ihrigen absondere, welches endlich die Menschen in Ansehung der wesentlichen Religionspuncte vereinigen muß [...].“

Mendelssohn traf sich mit vielen anderen deutschen Aufklärern im Streben nach Toleranz und Gewissensfreiheit sowie im Bemühen, die geoffenbarten Religionen „in Ansehung der wesentlichen Religionspuncte“, wie Kant es ausdrückte, als vernünftig zu erweisen und zu zeigen, daß es „*ewige Wahrheiten*“ gibt, „ohne welche der Mensch nicht aufgeklärt und glücklich seyn kann“ und die durch vernünftige Erkenntnis jedermann zugänglich sind (*Jerusalem*).

Eines aber unterscheidet ihn von seinen Mitstreitern um Vernunft in Staat, Gesellschaft, Kirche und Religion: Mendelssohn war Jude und gehörte damit einer nicht nur im preußischen Berlin weitgehend rechtlosen, unterdrückten und mißachteten Minderheit an. Doch spielten lange Zeit in seinen philosophischen, literaturkritischen und ästhetischen Schriften, mit denen er zu einer europäischen Berühmtheit geworden war, speziell jüdische Fragen und Probleme keine Rolle, obwohl die jüdische Religion und auch die jüdische Philosophie einen bedeutenden

Einfluß auf den 1729 in Dessau geborenen gläubigen Sohn eines Synagogenbediensteten und späteren Elementarschullehrers hatten. Bevor er mit seinen aufklärerischen Leitbildern, den Philosophen Leibniz und Christian Wolff, bekannt wurde, hatte er schon als Zwölfjähriger den 1190 erschienenen *Führer der Verirrten* (*More Newuchim*) des jüdischen Arztes, Philosophen und Rabbi Moses Maimonides (1135-1204) gelesen. Dieses Hauptwerk des mittelalterlichen Rationalismus, das Moses' Lehrer David Fränkel gerade (1742) in Dessau nach fast zweihundert Jahren wieder auf Hebräisch drucken ließ und seinem Schüler empfahl, vereint jüdische Religion und Aristotelische Philosophie, will die Vereinbarkeit von Glauben und Wissen, von Religion und Vernunft erweisen. Mendelssohns Beschäftigung mit Maimonides rieß nie ab; so schrieb er beispielsweise einen Kommentar zu den *Termini der Logik* (*Millot ha-higgajon*) von Maimonides, der 1761/62 erschien und nicht die einzige seiner hebräischen Schriften blieb.

Doch erst als der schwärmerische Zürcher Diakon und Schriftsteller Johann Kaspar Lavater (1741-1801), ein Freund der Stürmer und Dränger, Auszüge aus Charles Bonnets *Palingénésie philosophique* mit angeblich unwiderlegbaren „Beweisen für das Christentum" übersetzte, diese Schrift Mendelssohn widmete und ihn öffentlich aufforderte, zum Christentum überzutreten, wenn er diese Beweise nicht widerlegen könne, bekam Mendelssohns öffentliche aufklärerische Tätigkeit eine doppelte Zielsetzung und ein doppeltes Publikum, ja seine jüdischen Glaubensgenossen standen von nun an im Mittelpunkt seines Interesses. Bisher hatte der fromme Jude gehofft, daß die Aufklärung als vernünftige und damit religionsübergreifende Unternehmung Juden und Christen in Deutschland gleichermaßen aus den Vorurteilen kirchlicher, staatlicher und privater Unvernunft befreien könnte, nun aber muß ihm bewußt geworden sein, daß für viele deutsche Aufklärer – anders als in Frankreich – eine Vernunftreligion nur im Rahmen des Christentums denkbar war. Sogar für Lessing, die Symbolfigur der deutschen Aufklärung und der Toleranz, für diesen lebenslangen Freund, zu dem Mendelssohn aufschaute und den er sich „bei jeder Handlung, welche ich vorhatte, bei jeder Zeile, welche ich hinschreiben sollte, mir als Freund und Richter vorstellte" (an den Bruder Lessings, Karl Gotthelf Lessing, Februar 1781), auch für

Lessing war das Judentum letztlich eine durch Christus überwundene Stufe der Religion, das Alte Testament ein „Elementarbuch“ für „ein kindisches [= kindliches] Volk“: Christus und seine Jünger haben für ihn die Erziehung des Menschengeschlechts weiter gebracht, das Evangelium sei „ein neuer Richtungsstoß für die menschliche Vernunft“ geworden (*Über die Erziehung des Menschengeschlechts* §§ 50, 63).

Der erste Schritt zur Cultur

Nichts schien geeigneter zu sein, den Christen zu beweisen, daß die heiligen Bücher Zeugnisse von Vernunft und Aufklärung sind, als eine Übersetzung der Psalmen; die Judenheit aufklären und an die deutsche Sprache und Kultur heranführen sollten sie erst in zweiter Linie. Die Psalmen waren bei den modernen Juden zwar populär, jedoch Teil abergläubischer Rituale geworden; für Christen waren sie der am meisten geschätzte Teil des Alten Testaments, da sie als Weissagungen auf Christus galten und in zahlreichen Kirchenliedern ihre Umdichtung erfahren hatten. David Friedländer (1750-1834), der als enger Freund und Bewunderer Mendelssohns während der Jahre der Psalmenübersetzung fast täglich bei ihm war, erklärte – sicher auch in Mendelssohns Sinn – deren Nutzen in einer Besprechung in der *Berlinischen Monatsschrift*, dem zentralen Organ der Berliner Aufklärung: „Nun kann man mit ziemlicher Genauigkeit die Stuffe der Aufklärung bezeichnen, welche das Zeitalter des königlichen Sängers bereits erstiegen hatte. Sind die Anmaßungen der spätern Zeiten auf den ersten Besitz dieser Wahrheiten nunmehr gegründet? Haben diese spätern Zeiten etwa das große Verdienste, diese Wahrheiten reiner, deutlicher und philosophischer vorgetragen zu haben? oder wenigstens das kleinere, sie mehr allgemein, mehr ausgebreitet, mehr fürs praktische Leben anwendbar gemacht zu haben? Der philosophische uneingenommene Forscher entscheide!“ Aber nicht nur als „Gebetbuch des sich nun emanzipierenden Individuums des 18. Jahrhunderts“ (Werner Weinberg) und als Zeugnis der jüdischen Vernunftreligion sollten die übersetzten Psalmen dienen, sondern auch zeigen, welche Schönheit die Lyrik der Hebräer besaß; in einem seiner letzten Briefe schreibt Mendelssohn:

„Mich dünkt, viele Psalmen sind von der Art, daß sie von den aufgeklärtesten Menschen mit wahrer Erbauung gesungen werden müsen.“ (27. Dezember 1785 an Sophie Becker)

Mendelssohn faßte den Plan zu einer Übersetzung der Psalmen in der Zeit des Streites mit Lavater; bereits damals wollte er der zweiten Ausgabe seiner *Philosophischen Schriften* (1771) eine Auswahl von Psalmen als „Probe der lyrischen Poesie der Hebräer“ samt einem Traktat einverleiben. Doch erst 1783 konnte die fertige Übersetzung erscheinen, gleichzeitig mit dem letzten Band einer nur für die deutsche Judenheit bestimmten Übersetzung der Tora, der fünf Bücher Mose, diese allerdings in deutscher Sprache mit hebräischen Buchstaben, hebräischem Urtext und hebräischem Kommentar; in deutscher Schrift kam 1780 nur ein erster Band „zum Gebrauch der jüdischen Nation“ heraus, die vollständige Ausgabe erschien erst 1815. Von Mendelssohns Psalmenübersetzung wiederum veröffentlichte – im letzten Lebensjahr Mendelssohns – Joel Brill Loewe einen ersten Band nach dem Muster des Pentateuch: in hebräische Buchstaben transkribiert, mit dem Urtext und einem Kommentar, die restlichen Bände folgten bis 1790.

Mit seiner Übersetzungsarbeit ist Mendelssohn der Begründer der Emanzipation, aber auch der kulturellen Assimilation der Juden geworden. Heinrich Heine, dessen Werk und Wirken wie das anderer jüdischer Schriftsteller ohne den Vorgang Mendelssohns undenkbar ist, zieht einen kühnen Vergleich: „Wie Luther das Papsttum, so stürzte Mendelssohn den Talmud, und zwar in derselben Weise, indem er nämlich die Tradition verwarf, die Bibel für die Quelle der Religion erklärte und den wichtigsten Teil derselben übersetzte. Er zerstörte hierdurch den jüdischen, wie Luther den christlichen Katholizismus.“ (*Religion und Philosophie in Deutschland*, 2. Buch) Eines übersieht Heine jedoch bei diesem Vergleich: „Mendelssohn wollte nicht seinem Volke, den Juden Deutschlands, ihre Sprache [das Jiddische] ablauschen und ihnen das Wort der Bibel in ihrem Idiom neu vermitteln, vielmehr wollte er durch das Medium des biblischen Wortes den Juden in Deutschland die deutsche Sprache nahebringen, so ihre geistige Emanzipation vorbereiten und sie zu deutschen Juden machen.“ (Schalom Ben-Chorin) Die Übersetzung ins Hochdeutsche war für ihn „der erste Schritt zur Cultur, von welcher meine Nation leider! in einer solchen Entfernung gehalten wird, daß man an der Möglichkeit einer Verbesserung beynahe verzweifeln möchte“ (Brief vom 29. Juni 1779 an August Hennings). Es war ein Schritt, der von vielen konservativen Juden und Rabbinern mißbilligt, ja angefeindet wurde. Tatsächlich mißlang auf die Dauer der Versuch, traditionelles Judentum und Aufklärung miteinander zu verbinden: „Die von Mendelssohn vertretene Vereinigung von Vernunftreligion und [jüdischer] Gesetzestreue wurde von den meisten nicht verstanden, häufig sogar als ein unauflösbarer Gegensatz empfunden.“ (Julius H. Schoeps) Mendelssohn erlebte nicht mehr, daß vier seiner sechs die Kindheit überlebenden Kinder sich taufen ließen: Nathan, später Techniker und Instrumentenbauer, Brendel, die spätere Dorothea Schlegel, Henriette, die in Paris ein Mädchenpensionat leitete und einen literarischen Salon führte, sowie Abraham, später Bankier und der Vater des Komponisten Felix Mendelssohn Bartholdy.

Welchen grundverschiedenen Traditionen in Auffassung und Gebrauch der Psalmen Mendelssohn gegenüberstand, ist heute kaum noch vorstellbar: Zwischen „Nutzbarmachung“ im populären jüdischen Ritus und Musterbeispiel für lyrische Poesie überhaupt spannt sich der Bogen des Psalmenverständnisses im 18. Jahrhundert.

Psalmen oder Tehillim

Im Kanon der biblischen Bücher, die seit alters her in die Gesetzbücher (Tora bzw. Pentateuch), die prophetischen Bücher (Neviim) und die „Schriften“ (Ketuvim) eingeteilt werden, nehmen die Psalmen eine besondere Stellung ein, sie galten stets als das wichtigste Buch unter den „Schriften“. Die Überlieferungsgeschichte der Psalmen ist höchst kompliziert und umstritten, sicher ist nur, daß einzelne Psalmen bis in die Zeit Davids zurückgehen (um 1000 v. Chr.) und die Sammlung wohl zu Beginn des zweiten Jahrhunderts vor Christus abgeschlossen war. Das hebräische *le-David* zu Beginn von dreiundsiebzig der 150 Psalmen wies ursprünglich nicht auf David als Dichter dieser Lieder, wenn diese Formel auch oft so gedeutet wurde; wahrscheinlich meinte *le-David* „David betreffend“ oder „im Stile, in der Melodie Davids“ oder auch „David gewidmet“.

Der Name der Psalmen – griechisch ψαλμοί –, unter dem sie in den meisten europäischen Sprachen bekannt wurden, bedeutet „Lieder, die zu einem Saiteninstrument gesungen werden" und ist eine Übersetzung von *mizmorim* (Plural von *mizmor*), einem hebräischen Wort, das nur in den Psalmen verwendet wird. Abgeleitet von der Wurzel *zmr* (‚singen'), heißt es so viel wie Gedicht, das zu einem begleitenden Musikinstrument rezitiert oder gesungen wird. Im Namen spiegelt sich, daß die Psalmen während des Gottesdienstes im Tempel zu Jerusalem vorgetragen wurden, obwohl viele außerhalb der priesterlichen Kreise entstanden sein dürften.

Das Wort *mizmor* erscheint zudem in über einem Drittel (57 von 150) der Eingangszeilen aller Psalmen; Mendelssohn übersetzt meist einfach mit „(ein) Psalm"; „ein Singepsalm" (48, 1), „ein Psalmlied" (66, 1; 108, 1) oder „Gesang" (83, 1; 88, 1) verwendet er dagegen, wenn er das Kompositum *schir mizmor* übersetzt, das aus zwei fast gleichbedeutenden Wörtern zusammengesetzt ist. Die Unklarheit über die Aufführungspraxis der Psalmen rührt daher, daß wir die poetischen und musikalischen Begriffe, die in den Psalmen vorkommen, nicht sicher deuten können: *Neginoth* (Psalm 4, 6, 54, 55, 67, 76) ist wohl ein Saiteninstrument, aber *Gittith* (8, 81, 84) könnte ebensogut ein Musikinstrument (nach der Philisterstadt *Gath*) wie eine von Weinhändlern gesungene Melodie (*gat* = Weinpresse) sein.

Doch war *mizmorim* bzw. *Sefer Ha-Mizmorim* (Buch der Lieder) für den ganzen Psalter nicht die einzige Bezeichnung, ja in späterer jüdischer Tradition war der Name *Tehillim* gebräuchlicher, was wörtlich „Loblieder" bedeutet, und er ersetzte schließlich alle anderen; das Jiddische beispielsweise kennt nur den Namen *Tehillim*. Im Wechsel der Namengebung spiegelt sich vielleicht auch der Wandel in der Art des Gottesdienstes, nachdem durch die Zerstörung des Zweiten Tempels (70 n. Chr.) und damit des religiösen Zentrums auch der historische Ort der Psalmen, ihr „Sitz im Leben" vernichtet war. Man sah in den Psalmen nicht mehr in erster Linie Lieder zum Singen, sondern Lobpreisungen Gottes. Obwohl – wie hier zu zeigen ist – die Psalmen zu ganz unterschiedlichen Lied-Gattungen gehören, bot die Sprachgebung der Texte selbst für den Namen *Tehillim* genug Rechtfertigung. Denn in hohem Maße charakteristisch für das gesamte Buch der Psalmen ist eine Vielzahl von

Wörtern, die alle aus der Wurzel *hll* gebildet sind; die eigentliche, mehr oder weniger konkret mit dieser Wurzel assoziierte Bedeutung hat mit Licht und Erleuchtung zu tun. Doch gibt es in der Bibel nur wenige Fälle, in den Psalmen keinen einzigen, mit diesem Sinn. Meistens – in den Psalmen ausschließlich – werden diese Wurzel und ihre Ableitungen in der sekundären und abstrakten Bedeutung von „Preis" oder „Ruhm" gebraucht: Die Hälfte aller dieser Wörter in der Bibel entfällt auf die Psalmen.

Eine der von der Wurzel *hll* abgeleiteten Wortformen, die den Psalmen *allein* zugehört und sonst in der Bibel nirgends auftaucht, ist der Ausruf *hallelujah*, eine zweite Form des Imperativs *hallelu jah* („preiset den Herrn"), der allerdings nur einmal in den Psalmen vorkommt; Mendelssohn hält sich an die – auch deutsche – Übersetzungstradition, nur *hallelu jah* übersetzt er mit „Lobet Gott" (Psalm 135, 3), sonst bleibt *hallelujah* auch bei Mendelssohn wie in allen anderen Sprachen eines der „Erkennungswörter" der Psalmen und ihrer Lobpreisungen.

Preislieder, *Hymnen*, sind indes nur eine der vielen Gattungen der Psalmen; Hermann Gunkel hat als einer der ersten versucht, sie zu klassifizieren, doch hängt jeder solche Versuch von der Interpretation der einzelnen Psalmen ab, weil eine eindeutige Zuordnung zu nur einem Typ oft nicht möglich ist (im Gegensatz zur *Encyclopaedia Judaica* folgen wir hier Gunkels Einteilung). Die Hymnen preisen meist die Größe und Herrlichkeit Gottes, seine Weisheit und Vorsehung (z.B. 8, 19, 29, 33, 65, 66, 92, 100, 104, 113, 114, 117, 135 und 145-150). Ein Drittel der Psalmen aber besteht aus *Klageliedern*, wobei der Klagende entweder ein einzelner (Psalm 3, 5, 6, 7, 9-10, 13, 17, 22, 25-28, 31, 35, 36, 38, 39, 41-43, 51, 52, 54-57, 59, 61, 63, 64, 69, 71, 77, 86, 88, 102, 120, 123, 130, 140-143) oder das gesamte Volk Israel (z.B. 44, 60, 74, 79, 80, 83, 94) ist, das Unterdrükkung oder Unglück beklagt. Daß in über vierzig Psalmen ein Ich seine Klagen spricht oder singt, führte zu der (modernen) Anschauung, in den Psalmen spreche sich ein Ich aus und es komme Subjektivität zum Ausdruck. Gerade das empfahl sie dem 18. Jahrhundert, in dem sich die moderne Subjektivität herauszubilden begann. Auch unter den *Dankliedern* (9-10, 18, 30, 34, 40, 111, 138) sind Gemeinschaftslieder selten (z.B. 66, 67, 118, 136). Andere Psalmen, die sogenannten *Königspsalmen*, preisen den irdischen König Israels und setzen ihn in ein Verhältnis zu Gott (Psalm 2, 18, 20, 21, 45, 72, 89, 110, 132, 144). Es waren aber auch diejenigen Psalmen, die als „Weisheitspsalmen" pädagogische, ‚aufklärerische' Funktion hatten (vgl. 1, 34, 36, 37, 49, 73, 78, 112, 127, 128, 133), die der Tendenz des Zeitalters entgegenkamen. Viele Psalmen nennen sich ja bereits im Titel *maskil* („eine Unterweisung"; Psalm 32, 42, 44, 45, 52-55, 74, 78, 88, 89, 142), und auch die Bitte um Unterweisung („unterweise mich" – *lamdeni* oder *hawineni*) ist häufig in den Psalmen.

Die Psalmen in jüdischer und in christlicher Tradition

In der jüdischen Tradition waren die Psalmen bei den Weisen hochgeachtet; bereits im Talmud kann man Formulierungen finden wie „Wer immer im Traume *Tehillim* sieht, darf Barmherzigkeit erwarten" (*Berachot* 57, 1). Erst allmählich und im Verlauf der Jahrhunderte wurden Psalmen in die Liturgie integriert. Manche standen in so hohem Ansehen, daß sie ein Teil der täglichen Gebete wurden, die meist nicht aus Bibelzitaten bestanden. Auch wurde es üblich, bestimmte Psalmen bei besonderen Gelegenheiten im jüdischen Leben zu lesen oder zu rezitieren, bei Hochzeiten oder der Zeremonie der Beschneidung (*Brith*). Ihre wachsende Popularität in der späteren jüdischen Tradition kommt auch darin zum Ausdruck, daß sie mehr und mehr als Bittgebete benutzt wurden. So nahm man zu Psalmen Zuflucht, um Regen herbeizuflehen, fast abergläubisch auf ihre Kraft vertrauend, wenn sie nur richtig gesprochen würden, das heißt wörtlich und in der richtigen Absicht und Verfassung des Geistes. Ein späteres Gebetbuch (*Siddur*) beispielsweise schrieb mehr als dreizehn verschiedenen Psalmen die Macht zu, die Pforten des Himmels für den Regen zu öffnen. Um Gott anzurufen, ja zur Beschwörung gewannen sie vor allem in der europäischen Diaspora immer größere Beliebtheit und Verbreitung. So werden heute noch Psalmen am Krankenbett gesprochen, im Glauben und in der Hoffung, daß der Kranke gesundet.

Da eine solche Rezitation der Psalmen nicht zu festen Gottesdiensten gehörte, sondern ein Zeichen besonderer Frömmigkeit war, wuchs ihre Popularität vor allem unter einfachen Leuten. So kam es, daß viele der Psalmen zu den wenigen hebräischen

Texten gehörten, die man auswendig wußte, auch als die Heilige Sprache von den Juden, zumal den Frauen, die von der religiösen Unterweisung ausgeschlossen waren, immer weniger beherrscht und schließlich – hierin das Schicksal des Lateinischen im christlichen Europa teilend – kaum noch verstanden wurde. Und dennoch verlangte es die Heiligkeit der Texte, daß die Psalmen im Original und keiner anderen Sprache gelesen und gesprochen wurden. Wir werden sehen, daß diese jüdische Tradition und ihre Auswirkungen zu den Voraussetzungen von Mendelssohns Psalmenübersetzung gehörten.

Die Bedeutung der Psalmen für die Christenheit hat Luther, im Anschluß an und in Übereinstimmung mit Augustin und Thomas von Aquin, gültig formuliert: „VND solt der Psalter allein des halben thewr vnd lieb sein / das er von Christus sterben vnd aufferstehung / so klerlich verheisset / vnd sein Reich vnd der gantzen Christenheit stand vnd wesen furbildet. Das es wol möcht ein kleine Biblia heissen / darin alles auffs schönest vnd kürzest / so in der gantzen Biblia stehet / gefasset vnd zu einem feinen Enchiridion oder Handbuch gemachet vnd verbreitet ist.“ (*Vorrede auf den Psalter*, 1545) Schon früh waren die (lateinischen) Psalmen fester Bestandteil der christlichen Liturgie, und Luther und Paul Gerhardt dichteten viele Psalmen zu Kirchenliedern um. Die Volkstümlichkeit der Psalmen vor allem in Luthers Übersetzung war im evangelischen Deutschland des 18. Jahrhunderts ungebrochen. Mendelssohn wandte sich natürlich vehement gegen die christologische Deutung, gegen in den Psalmen „liegen sollende Prophezeyungen“ (Brief vom 10. April 1771 an Johann David Michaelis). Von dem aufgeklärten evangelischen Theologen Michaelis, dessen Psalmenübersetzung 1771 erschien, erwartete Mendelssohn, daß er „die Psalmen als Poesie behandeln werde, ohne auf das Prophetische und Mystische zu sehen, das sowohl christliche als jüdische Ausleger bisher in den Psalmen gesucht, als wenn die Psalmen in einem Kloster, von irgendeinem bußfertigen Mönch verfertigt worden wären“ (Brief vom 12. November 1770). Doch war Michaelis weit davon entfernt, in seiner Übersetzung diesen Forderungen gerecht zu werden; er verzichtete weder auf eine christologische Interpretation, noch übersetzte er sie als Poesie, obwohl er 1758-1762 Robert Lowths *De sacra Poesi Hebraeorum prealectiones (Vorlesungen über die Poesie der Hebräer)* herausgegeben und kommentiert hatte. Lowth (1710-1787), Professor der Dichtkunst in Oxford, später Lordbischof von London, gilt als der Begründer einer aufgeklärten, ästhetischen Betrachtungsweise des Alten Testaments, und Mendelssohn hatte 1757 die Erstausgabe von 1753 in Friedrich Nicolais *Bibliothek der schönen Wissenschaften und freyen Künste* rezensiert. Doch gehört die Betrachtung der Bibel und besonders der Psalmen als Poesie der Hebräer in eine viel längere Tradition.

Unser Athen, das ist Jerusalem

Seit den ersten nachchristlichen Jahrhunderten hatte sich eine Tradition herausgebildet, in der die Bibel im Namen der Antike und später dann die Dichtung im Namen der Bibel verteidigt wurde; Joachim Dyck und James L. Klugel haben diese Tradition nachgezeichnet. Bereits die Kirchenväter glaubten, antike Versmaße in der Bibel zu entdecken, und anonyme *Didascalia Apostolorum* aus dem dritten Jahrhundert empfahlen anstelle der heidnischen Dichtung die Bibel: „Wenn du Geschichten lesen willst, nimm die des Buches der Könige; wenn du Dichtung und Weisheit willst, nimm die Propheten [...], wenn du nach Liedern verlangst, so hast den Psalter." Der Kirchenvater Hieronymus war überzeugt, daß Philosophie und Dichtung der Griechen lediglich Nachahmungen der hebräischen Poesie und der Bibel waren, ja daß die Psalmen der antiken Lyrik sogar überlegen seien: „Was ist musikalischer als die Psalmen?" fragt er und stellt fest: „David ist unser Simonides [ein griechischer Chorlyriker], unser Pindar und Alkaios [griechische Odendichter], aber auch unser Horaz und der heitere Catull." Und er triumphiert: „Unser Athen, das ist Jerusalem."

Petrarca nimmt im 14. Jahrhundert die Argumentation des Hieronymus wieder auf, aber er verkehrt sie, um nun die Würde der Dichtung zu verteidigen. Die zahlreichen Bibelapologien des 16. und 17. Jahrhunderts heben auch darauf ab, daß die Bibel poetische und rhetorische Mittel verwendet. Noch Fénélon war überzeugt: „Niemals konnte eine griechische oder lateinische Ode die Höhe der Psalmen erreichen." Doch wenn die Bibel dichterischen Chrakter hatte: Wer war der Dichter der Psalmen, und wie hat man sich in diesem Zusammenhang die Rolle Gottes vorzustellen? Bereits der Kirchenlehrer Origenes dachte darüber nach; er wußte, daß es eine bestimmte Energie oder Macht gibt, die die Poesie inspiriert, und er erinnerte in diesem Zusammenhang an das Platonische Verständnis des Dichters, wonach Dichtung nicht ohne den dichterischen Wahnsinn bestehen könne und die griechischen Seher auch von einer gewissen Art von Wahnsinn erfüllt waren. Doch nicht diese Inspiration, dieser „göttliche Wahnsinn" der Dichter, der sprichwörtliche *furor poeticus*, sondern allein die Inspiration der Propheten sei die ursprüngliche: Dichtung wurde im Namen der Bibel abgewertet. Zwar wurde in der Renaissance der *furor poeticus* immer noch beargwöhnt, aber er wurde allmählich positiver gewertet, und begeisterte Inspiration sahen manche als Beweis für die Wahrheit der Dichtung. So trug für Philip Sidney der Dichter den „himmlischen Titel" „Vates" (Seher oder Prophet) zurecht, andererseits waren aber auch die heiligen Psalmen Davids „a divine *Poeme*", ein göttliches Gedicht. Andere jedoch blieben von der Unterlegenheit der weltlichen Dichter überzeugt, deren falscher Enthusiasmus von der wahren göttlichen Begeisterung der Propheten wohl zu unterscheiden sei – so Méric Casaubon (1655), Kalvinist, Gräzist und Bibliothekar Heinrichs IV., und Fénélon (um 1680), der spätere Erzieher des französischen Thronerben und Erzbischof von Cambrai.

Ob wie die biblischen „Dichter" von Gott begeistert oder ob nur durch Dämonen inspiriert, wie Origenes die weltliche Dichtung sah: Dichtung mußte, den Gesetzen der Rhetorik entsprechend, nach denen sie ja bei aller Inspiration gebaut war, auf die Leser oder Hörer denselben Effekt haben, dasselbe Gefühl übertragen, von dem der Autor ergriffen war. Und von solchen Gedanken war es nicht mehr weit zu grundsätzlichen poetologischen Überlegungen, und tatsächlich ist die gesamte ästhetische Diskussion des 18. Jahrhunderts, soweit sie epische oder – was hier interessiert – lyrische Gattungen betraf, nicht zu trennen von den poetischen Büchern der Bibel, die als Muster und Archetypen stets berücksichtigt wurden.

So will beispielsweise Charles Batteux die Gültigkeit seines poetologischen Hauptprinzips, der Nachahmung, auch für die Psalmen erweisen. Karl Wilhelm Ramler, einer von Mendelssohns Autoritäten in Sachen Poesie – ihm widmete er die Psalmenübersetzung – übertrug Batteux' ästhetische Schriften

1756-58 als *Einleitung in die Schönen Wissenschaften* ins Deutsche, und auch dort gelten die Psalmen als „heilige Gesänge", die vor allem hinsichtlich der Nachahmung weltlichen Gedichten überlegen sind. Denn David war vom ‚Urheber (l'Auteur) der Natur' selbst inspiriert, von demjenigen, der als einziger über die Urbilder des Schönen verfügt. Deshalb findet man in den Psalmen keine poetischen Abbilder, sondern Urbilder, keinen ästhetischen Schein, sondern Wahrheit, oder mit den Worten von Batteux (in Ramlers Übersetzung): Man fühlt „schon in dem Stoffe selbst das Wahre", „bewundert hier wirkliche Schönheiten, wirkliche Tugenden, und drückt würdige Empfindungen aus" (*Von der lyrischen Poesie* 11. Kap.: *Von den heiligen Gesängen der Hebräer*).

Am nachhaltigsten aber prägte Robert Lowth mit seinen *De sacra Poesie Hebraeorum praelectiones* Mendelssohns Psalmen- und Lyrikverständnis. Lowths Buch, ursprünglich Vorlesungen, die er seit 1741 in Oxford gehalten hatte, bildet den Gipfelpunkt in der Diskussion um die Bibel als Dichtung, und Lowth ist auch ästhetisch auf der Höhe seiner Zeit, ja ihr teilweise sogar voraus. Mendelssohns ausführlich referierende Rezension von 1757 ist nicht nur für ihn selbst von Bedeutung, durch sie lernte auch ein anderer bedeutender Verfechter der hebräischen Poesie, Johann Gottfried Herder, Lowth kennen. Mendelssohn stellt wie viele vor ihm die biblische Poesie über die antike: „Man lieset den *Homer*, *Virgil* und die übrigen Schriften der Alten; man zergliedert alle Schönheiten, die darinn enthalten sind, mit der größten Sorgfalt, und giebt sich alle Mühe unsern Geschmack nach ihrem Muster zu bilden; aber selten bekümmert man sich um die Regeln der Kunst, nach welchen jene göttlichen Dichter, unter den alten Hebräern, die erhabensten Empfindungen in uns rege machen, und unmittelbar den Weg nach unserm Herzen zu treffen wissen. Der feine attische Geschmack, den wir uns aus den Schriften der alten Griechen und Römer schöpfen, kann sehr leicht in Weichlichkeit ausarten; aber der ächte orientalische Geschmack, der in den Schriften der heiligen Dichter herrschet, ist allzumännlich, allzuedel, als daß er uns je zu unwürdigen Gesinnungen verleiten könnte."

Was aber nun für Mendelssohn und seine Zeit besonders bedeutsam ist, ist die Verbindung der alten Vorstellung von der göttlichen Inspiration mit der neuen Ästhetik der Affekte, der

Empfindung und des Gefühls. Kunst wurde im 18. Jahrhundert nicht mehr durch Regeln beurteilt und aufgenommen, sondern durch Empfindungen. Und so faßt er eine zentrale Passage bei Lowth zusammen: „So wie der Ursprung der Dichtkunst in den heftigen Gemüthsbewegungen zu suchen ist; so erreicht sie auch ihren Endzweck alsdenn am besten, wenn sie Affekten ausdrückt, und dadurch Affekten erregt. Alle Nachahmungen können uns bloß als Nachahmungen schon gefallen; das Gemüth wird aber niemals so sehr bewegt, als wenn Affekten nachgeahmt werden. Ein jeder Affekt ist eine innere Wirkung unsers Geistes, eine Bewegung, welche in uns selbst entsteht; daher muß sie uns mehr rühren, als die Vorstellung von andern Dingen, die uns nicht so nahe angehen." Auch Jahre später, als er an seiner Übersetzung der Psalmen arbeitete, stellte er seine Überlegungen *Von der Lyrischen Poesie* (1777) in den Kontext psychologischer Erörterungen über Wahrnehmung und Empfindung. Sogar die göttliche Begeisterung des Dichters wird rationalisiert: „Der Dichter unterliegt der Gewalt des Affekts. – Abwesenheit des Geistes – Verzückung – Begeisterung. Er sieht erstaunliche Dinge, verspricht Wunder [...]." Vor allem aber garantiert die lyrische Poesie Authentizität, eben weil hier, wie er Lowth zitiert, „eine innere Wirkung unsers Geistes, eine Bewegung, welche in uns selbst entsteht", ausgedrückt wird, oder wie er es selbst formuliert: „In keiner Dichtungsart kömmt die Natur der Kunst so nahe, als in der lyrischen. Denn wenn der Dichter wirklich in dem besungenen Gemüthszustande sich befindet, so ist er sich selbst Gegenstand, also causa objectiva und causa efficiens zugleich." (*Von der lyrischen Poesie*)

Und so ist es auch nicht verwunderlich, daß er in diesem Aufsatz als Beispiel für seine Lyriktheorie ausschließlich Psalmen in seiner eigenen Übersetzung zitiert. Später, in den *Morgenstunden oder Vorlesungen über das Dasein Gottes* (1785), jener philosophischen Schrift, die der Kranke nur noch während der Morgenstunden schreiben konnte, handelt er über Wahrheit und die Gesetze vernünftigen Denkens, über Wahrnehmung und Erkenntnis und stellt, an die Gedanken über lyrische Subjektivität anknüpfend, fest: „Alle meine subjective Erkenntnisse haben, als subjective betrachtet, unstreitige Wahrheit; ihr idealisches Daseyn, kann weder Schein noch Irrthum seyn. Meine eigene Würklichkeit ist weder Täuschung noch Irrthum, und also Wahrheit." Blickt man von hier auf die Psalmen, so wird deren „subjektive Erkenntnis" zur höchsten Wahrheit; in seiner in hebräischer Schrift gedruckten Übersetzung des Pentateuch (1783) faßt er in der hebräisch geschriebenen Einleitung zum Gesang Moses' in Exodus 15, 1-18 seine Gedanken von der biblischen Poesie erstmals in der Geschichte hebräischer Bibelkommentare für jüdische Leser zusammen. Danach war es sein heißes Bestreben gewesen zu zeigen, daß so hoch, wie der Himmel über der Erde ist, auch die heilige Poesie über der weltlichen stehe. Das betreffe – und hier greift er die Aristotelischen Formulierungen aus *Von der lyrischen Poesie* wieder auf – die causa efficiens, die Dichter, ebenso wie den Gegenstand und den Zweck dieser Dichtungen: Prophezeiungen, Verheißungen, Segen und Lob Gottes. Der hohe Rang, den die Psalmen bei Mendelssohn einnehmen, wird also – im Anschluß an Lowth und Ramler – doppelt begründet: Durch ihren erhabenen Gehalt sind sie dem Gläubigen ohnehin heilig, aber ihre ästhetische Gestalt, der subjektive Ausdruck von Empfindungen der göttlich inspirierten Dichter bekräftigt dem Philosophen die unstreitige Wahrheit der Psalmen.

Lies meine Übersetzung, und urteile!

Der tatsächliche Gebrauch der Psalmen bei Juden wie bei Christen hatte aber, wie wir bereits wissen, ihren ursprünglichen Charakter als ‚heilige Poesie' längst verdeckt. Eine Möglichkeit für die Juden, trotz der schwindenden Kenntnis des Hebräischen auf Psalmen-Lesungen nicht zu verzichten, waren die im Mittelalter gegründeten Gesellschaften von Psalmen-Rezitatoren (*Chevrot Tehillim*), die wie andere auf freiwilliger Basis entstandene religiöse, philanthropische oder erzieherische Gesellschaften eine wichtige Funktion im jüdischen Gemeindeleben hatten. Eine andere Möglichkeit bot die Übersetzung ins Jiddische, die Hauptsprache derer, die das Hebräische nicht mehr beherrschten und denen nun wenigstens beim Verständnis des Textes geholfen werden sollte.

Seitdem das Jiddische erstmals – wie stets in hebräischen Lettern – aufgezeichnet und eine geschriebene Sprache mit gewissen literarischen Ambitionen wurde, riß die Diskussion darüber nicht ab, was im Jiddischen auszudrücken adäquat war und was nicht. Anfänglich wurden nicht die rituellen Texte selbst, sondern nur die sie verbindenden, meist von allen Teilnehmern der jeweiligen religiösen Zeremonie zu sprechenden oder zu singenden Texte übersetzt. Unter solchen Texten, die nicht in der Synagoge, sondern bei Zeremonien zuhause benutzt wurden, besonders bei Hochzeiten, beim Sabbath-Mahl und beim Seder, der Feier am Abend des Passah, nahmen die Psalmen immer einen sehr hohen Rang ein.

Und tatsächlich sind uns erste jiddische Psalmenübersetzungen vom Ende des 14. Jahrhunderts überliefert, zunächst als Glossen zu einzelnen Psalmen, dann als vollständige Übersetzungen und schließlich in Form ganzer Bücher. So entstanden während der sechshundert Jahre seit der ersten Übertragung tatsächlich Dutzende von Psalmenübersetzungen, die jedoch, anders als Übersetzungen sonst, lediglich als Verstehenshilfe des heiligen hebräischen Originals und nicht als sein eigentlicher Ersatz dienten. Deshalb folgten die Übersetzer meist dem Original Wort für Wort, wodurch die jiddische Übertragung viele strukturelle Züge des Hebräischen behielt, anders als die sonst üblichen Arten des Schreibens in Jiddisch, die sich am Deutschen orientierten.

Was jedoch die Wortwahl bei der Übersetzung angeht, so galt von Anfang an der Grundsatz: Nur die deutschen Komponenten des Jiddischen durften benutzt werden. So war also, wenn möglich, jedes hebräische Wort durch ein deutsches Gegenstück zu ersetzen, was dazu führte, daß bei Schwierigkeiten, das passende zu finden, auch neue deutsche Worte auf der Grundlage bereits existierender geprägt wurden. Das ging so weit, daß sogar dann ‚neue‘ deutsche Worte gebildet wurden, wenn es passende gängige hebräische Wörter im Jiddischen gab, die für die meisten Leser verständlicher waren als die Neuschöpfungen. Diese Praxis, die bis in die Aufklärung hinein geübt wurde, führte dazu, daß es ein Heer von deutschen und deutsch-ähnlichen Worten gab, die eng mit Bibelübersetzungen verbunden waren und außerhalb des biblischen Kontextes kaum verstanden wurden. Diese Spielart des Jiddischen, die man *Tajtsh* nannte, blieb sehr unflexibel, machte die sprachlichen Wandlungen in Deutschland nicht mit und entfernte sich sowohl vom Deutschen wie auch vom tatsächlich gesprochenen Jiddisch.

Vor diesem religiösen Hintergrund entwickelte sich die Haskala, die hebräische Aufklärung im 18. Jahrhundert, die sich auch gegen die fossilen Traditionen der Bibelübersetzungen wandte. Die osteuropäischen Juden, allen voran Menachem Mendel Lefin Satanover (1749-1826), versuchten, in Übereinstimmung mit der Entwicklung des modernen Jiddisch, slawische Elemente einzuführen und hebräische Worte biblischen Ursprungs zu bewahren. Mendelssohn war als Sohn eines Synagogendieners zwar auch mit diesen Traditionen aufgewachsen und konnte bis in sein vierzehntes Jahr nur Hebräisch und West-Jiddisch, kaum aber richtig Deutsch sprechen und schreiben. Er sah jedoch im Jiddischen keine selbständige Sprache, sondern ein Mischmasch, eine jüdisch-deutsche Mundart, einen „Jargon", der seiner Meinung nach „nicht wenig zur Unsittlichkeit des gemeinen Mannes beigetragen" hatte; er versprach sich „sehr gute Wirkung von dem unter meinen Brüdern seit einiger Zeit aufkommenden Gebrauch der reinen deutschen Mundart" – „rein deutsch, oder rein hebräisch" war seine Devise (Brief vom 29. August 1782 an Ernst Ferdinand Klein). Doch waren Mendelssohns und Lefins Absichten letztlich in einem verbunden: Die Juden sollten zurück zum ursprünglichen Judentum geführt werden. Mit seiner Übersetzung ins Deutsche wollte Mendelssohn eine ‚reine' Version des Textes in einer den modernen Bedürfnissen der Judenheit angemessenen Sprache geben.

Daß sich Mendelssohn mit seiner Übersetzung der Psalmen *gegen* die bisherigen jiddischen Übersetzungen wandte, erhellt nicht nur aus der Wahl der ‚Zielsprache' Deutsch, sondern zeigt sich auch in seiner Überzeugung vom ästhetischen Rang der Psalmen. Er entschied sich gegen die Psalmen als (liturgische) *Tehillim* und betrachtete sie wieder als *Mizmorim*, als religiöse *Lyrik*. Die Psalmenübersetzung wandte sich aber nur in zweiter Linie an ein jüdisches Publikum; sie erschienen ja auch nicht wie seine Pentateuch-Übersetzung in hebräischer Schrift. Gegen die jiddische Tradition gewandt, mußte sich Mendelssohn folgerichtig in die Tradition deutscher Psalmenübersetzungen stellen, und das heißt vor allem in die Luthers, was er in der Vorrede (S. 7-8) auch rechtfertigt.

Doch ist es in unserem Zusammenhang überflüssig, die Geschichte der deutschen Bibel- und Psalmenübersetzung aufzurollen, spielten doch die vorlutherischen Traditionen im Bewußtsein des 18. Jahrhunderts keine Rolle mehr. Obwohl die erste hochdeutsche Bibel von 1466 bis 1485 zehnmal gedruckt wurde, sah die Kirche die deutsche Sprache als ungeeignet für „die höchsten Gedankengänge der christlichen Religion" an, wie es 1485 in einem Zensuredikt des höchsten deutschen Geistlichen, Erzbischof Berthold von Mainz, hieß (siehe dazu Raeder: Luther als Ausleger und Übersetzer der Heiligen Schrift). Das volkstümliche Deutsch galt als ‚arme' Sprache. Auch für Luther war es, wie er 1528 schreibt, „ein großes, beschwerliches Werk, die hebräischen Schriftsteller zu zwingen, deutsch zu reden. Wie sträuben sie sich, da sie ihre hebräische Ausdrucksweise nicht verlassen und sich dem groben Deutsch nicht anpassen wollen, gleich als ob man eine Nachtigall zwänge den Kuckuck nachzuahmen [...]." Doch war er letztlich überzeugt, daß ein rechtes Verständnis der Sache auch eine richtige Übersetzung zur Folge haben muß; in seinem *Sendbrief vom Dolmetschen* formuliert er das so: „Ah es ist dolmetzschen ja nicht eines iglichen kunst, wie die tollen Heiligen meinen, Es gehöret dazu ein recht, frum, trew, vleissig, forchtsam, Christlich, geleret, erfarn, geübet hertz [...]." Luther verlangt hier für den Übersetzer eine bestimmte geistige und sogar emotionale Disposition gegenüber dem originalen Text, nicht bloße sprachliche Kenntnisse.

Für das 18. Jahrhundert hat der Schweizer Theologe und Dichtungstheoretiker Johann Jacob Breitinger ganz ähnlich vom idealen Übersetzer gefordert, er „müsse, bevor er an die Arbeit gehet, sich in demjenigen Zustande befinden, in welchem der ursprüngliche Verfasser gewesen war" (*Critische Dichtkunst*, 1740, Bd. 2). Mendelssohn, für den die Psalmen ja Lyrik und damit Ausdruck von Empfindungen waren, hielt sich bei seiner Arbeit an eine ähnliche Methode, wie er in der Vorrede versichert: „Ich habe die Psalmen nicht in ihrer Ordnung, nach einander weg, übersetzt; sondern wählte mir einen Psalm, der mir gefiel, der zu der Zeit mit der Lage meines Gemüts übereinkam, der mich bald durch seine Schönheit, bald durch seine Schwierigkeit, reizte; diesen trug ich im Sinne, bei so mancherlei ungleichartigen Beschäftigungen, mit mir herum, bis ich glaubte, mit dem Geiste meines Dichters so vertraut zu sein, als ich es meiner Fähigkeit nach, werden konnte, und denn war das Niederschreiben eine geringe Arbeit. Lies du eben so, mein Leser! wie ich geschrieben habe; wähle dir einen Psalm wie er grade um die Zeit mit deinem Gemütszustande übereintrifft."

Daß Luther mit seiner Bibelübersetzung im eigentlichen Sinne sprachschöpferisch gewesen ist, die gesprochene Sprache in die Literatursprache eingeführt hat und damit die Entwicklung der deutschen Sprache nachhaltig geprägt, braucht hier nur erwähnt zu werden, ebenso die Tatsache, daß viele sprachliche Wendungen gerade der lutherischen Psalmenübersetzung zu ‚geflügelten Worten' geworden sind, gegen die schwer anders zu übersetzen ist: „du prüfest Hertzen und Nieren" (Psalm 7, 10; Mendelssohn: „der Herz und Nieren prüft"), „Der Gerecht mus viel leiden" (34, 20; Mendelssohn: „Viel Leiden hat oft der Gerechte"), „die Stillen im Lande" (35, 20; Mendelssohn: ebenso), „Bleibe im Lande vnd neere dich redlich" (37, 3; Mendelssohn: „Bleib' im Lande; weide dich mit Redlichkeit"), „ein ende mit schrecken" (73, 19; Mendelssohn: „Verschwinden, wie ein Schreckgesicht"), „Vnser Leben wehret siebenzig Jar / wens hoch kompt so sinds achtzig jar" (90, 10ff.; Mendelssohn: „Unsre Lebenszeit währt siebenzig Jahr; / Achtzig ist ihr fernstes Ziel"), „Ich bin ein Gast auff Erden" (Psalm 119, 19; Mendelssohn: „Ich bin ein Pilgrim hier auf Erden").

Doch Mendelssohn hatte auch im 18. Jahrhundert christliche Vorgänger in der Psalmenübersetzung: Auf Michaelis, dessen Übertragung 1771 erschien, und Georg Christian Knapp, der die seine 1778 veröffentlichte, verweist Mendelssohn selbst in seiner Vorrede. *Oden Davids oder Poetische Übersetzung der Psalmen* hatte bereits 1746 Samuel Gotthold Lange herausgegeben, 1755-1764 folgte die *Poetische Übersetzung der Psalmen* von Johann Andreas Cramer, der in den vierziger Jahren in Leipzig nicht ohne Erfolg literarisch, seit 1754 durch Vermittlung Klopstocks als Hofprediger Friedrichs V. in Kopenhagen tätig war. Auch Cramer übersetzte wie Mendelssohn die Psalmen, weil er sie „sowohl wegen ihrer göttlichen Eingebung, als wegen der Schönheit ihrer Poesie [für] die vollkommensten Gesänge" hielt (Vorrede, 1755). Allerdings mußte seine christologische Interpretation bei Mendelssohn auf Ablehnung stoßen. Michaelis dagegen wendet sich in seiner Vorrede (zur 2. Auflage von 1782) vehement gegen die Hochschätzung der Gesänge Davids als „das schönste von Hebräischer Poesie", was er für einen „fast allgemeinen Irrthum" hält. Luthers Übersetzung dürfe man nicht zum Maßstab nehmen, denn der habe „die Psalmen verschönert". Der pedantische Professor Michaelis verteilt Noten an die einzelnen Bücher der Bibel und stellt Hiob an die Spitze, gefolgt von einigen Liedern Moses', resümiert aber, der Zweck Gottes bei der „Eingebung der Bibel war auch nicht, uns hohe Muster der Schönheit, [...] sondern nützliche Wahrheiten und Lehren zu geben". Sein Kollege Knapp, Professor für Theologie in Halle, wertet nicht, sondern warnt lediglich davor, „morgenländische Poesien" „ganz nach deutscher Denkungsart zu formen", und rät zu „verständlichen Hebraismen".

Ein Jahr vor Mendelssohns Übersetzung erschien auch der erste Teil von Herders *Vom Geist der Ebräischen Poesie* (1782/83); die Abhandlung enthält auch eine Reihe von Psalmenübersetzungen. Wie Mendelssohn, der in seiner Lowth-Rezension (sie gab ja für Herder den Anstoß, die Bibel als Poesie zu betrachten) die ursprünglichere „männliche" Dichtung der Hebräer gegenüber der feinen, zur Weichlichkeit neigenden griechischen Dichtung pries, so war für Herder die Poesie der Bibel die ursprünglichere. Herder knüpft damit an Vorstellungen an, wie sie bereits zu Beginn des Jahrhunderts Dom Augustin Calmet in seiner *Dissertation sur la poësie des anciens hébreux* (1738 von dem berühmten Theologen Johann Lorenz Mosheim ins Deutsche übertragen) vertreten hatte. Calmet unterschied die gegenwärtige ‚künstliche Poesie' von der ‚natürlichen Poesie', die so alt wie die Menschheit sei; Herders Idee von der Naturpoesie, die so stark auf die Romantiker wirken sollte, findet bei Lowth seine Bestätigung, und so stellt auch er, allerdings in vorromantischer Verklärung der Kindheit, Griechen und Hebräer einander gegenüber: „Die künstliche Poesie der Griechen ist bunter Schmuck gegen diese kindlich reine Einfalt."

Zu den einfachen, aber wirkungsmächtigen Mitteln der hebräischen Poesie gehört, was bereits Luther als Eigentümlichkeit der hebräischen Sprache festgestellt hatte und was auch Herder an den Psalmen faszinierte, nämlich der „poetische Strom ihrer Bilder", ihre poetische Sinnlichkeit – nichts wurde abstrakt, alles in konkreter Anschaulichkeit ausgedrückt. Mendelssohn zitierte in seiner Abhandlung *Von der lyrischen Poesie* selbst einen Psalm, bei dem der Dichter sich „von seiner Hauptidee nunmehr allzuweit entfernt", von der Bildlichkeit gleichsam mitgerissen wird: „und die Ode schließt sich mitten in der zweiten Digression" (Psalm 133).

Besondere Bedeutung hinsichtlich der poetischen Struktur aber maß Mendelssohn dem von Robert Lowth zuerst beschriebenen Prinzip des *Parallelismus membrorum* bei, das er in der Übersetzung beizubehalten suchte. Lowth unterscheidet synonyme und antithetische Parallelismen; das heißt Wörter, Wendungen oder Sätze mit dem gleichen Stellenwert im Satz (oder in einem Vers) werden in ähnlicher oder entgegengesetzter Bedeutung in einem Vers oder in den folgenden wiederholt. Der sechste Psalm beispielsweise ist voll solcher paralleler Verse mit ähnlicher Bedeutung („Ermüdet von Seufzen, / Schwemm' ich jede Nacht mein Bette, / Netze meine Lagerstatt mit Tränen"); ein gutes Exempel, in dem zwei Verse parallel gebaut sind, aber inhaltlich miteinander kontrastieren, ist das folgende: „Lügen bin ich gram, und habe Greul daran; / Aber deine Lehre hab' ich lieb." (Psalm 119, 163)

Die Verseinteilung findet sich schon in früheren ‚poetischen' Übersetzungen, und auch Michaelis ordnet seine Psalmen nach ‚westlichem' Muster in Gedichtzeilen an. Doch folgt Mendelssohn viel strenger der Struktur des Originals; auch in seiner Übertragung schließt sich, wie er in seiner Lowth-Rezension formuliert, der Sinn mit den Versen völlig, und dadurch werde „jedes Gedicht gleichsam von selbst in die gehörige Perioden, und die Perioden größtentheils wiederum in zween Verse abgetheilt". Mendelssohn wird durch seine Art der „Versifizierung" sowohl den Wünschen des zeitgenössischen Publikums gerecht, das Gedichte in Versform erwartet, aber auch dem Original, dessen Struktur durch die in Verse gebrochenen Zeilen noch deutlicher wird. Allerdings hat diese Entscheidung für die Nachahmung der Struktur des Originals Folgen auf anderer Ebene: Mendelssohns Übersetzung ist dadurch alles andere als ‚wörtlich'.

Doch kam das letztlich seiner undogmatischen Absicht entgegen, mit eingefahrenen Traditionen zu brechen. Denn er verzichtete bewußt darauf, religiöse und geistliche Begriffe einheitlich durch die jeweilige feste deutsche Entsprechung wiederzugeben, nicht einmal wenn der Begriff im Original in derselben Form und im selben Zusammenhang auftaucht und daher auch die gleiche Bedeutung hat (siehe dazu auch die Einleitung zur kritischen Ausgabe). So übersetzt er etwa *emeth* mit „Wahrheit" (15, 2), „Treue" (85, 11-12) oder gar „Recht" (11, 7), oder er hat für *tsedek* eine Reihe verschiedener deutscher Begriffe parat: „Recht" (15, 2), „Gerechtigkeit" (17, 1), „Frömmigkeit" (18, 21) oder „Unschuld" im selben Psalm (Vers 25), „Wohltätigkeit" (40, 10), „Tugend" (45, 8) oder „Huld" (119, 123).

Wie bewußt er sich dieses Verfahrens ist, zeigt seine Behandlung des Wortes *chesed*, das vom Standpunkt eines modernen Lesers und Übersetzers wie Mendelssohn potentiell durch christliche Obertöne belastet ist. Als Attribut Gottes stellt es einen der zentralen Begriffe sowohl des Judentums wie des Christentums dar. Dieses Wort, das in seiner Grundbedeutung gegenseitige Akte der Güte und Freundlichkeit bezeichnet, kommt in den Psalmen in bezug auf Gott und den Menschen über 120 mal vor. Mendelssohn aber benutzt mindestens sechs verschiedene deutsche Wörter, nämlich „Güte", „Gnade", „Huld", „Liebe", „Seligkeit" und „Wohl", zusammen mit einigen Ableitungen wie „wohlthut", „gnädig", „allgnädig". Bei der Verwendung dieser Begriffe verfährt er durchaus nicht gleichmäßig, in vier von fünf Fällen wählt er die neutralsten Äquivalente, nämlich „Güte" und „Liebe". Wie im Original gibt es auf diese Weise wenig Unterschiede darin, ob *chesed* Gott oder den Menschen zugeordnet ist. Die am meisten christlich geprägte deutsche Entsprechung zu *chesed*, nämlich „Gnade", verwendet Mendelssohn selten. Noch Michaelis hatte 1771 in Psalm 136 Luthers Refrain „Denn seine güte weret ewiglich" (*ki le'olam xasdo*) durch das betont protestantische „Denn seine Gnade währet ewig!" ersetzt; Mendelssohn schreibt wieder: „Ewig währet seine Güte."

Die „Stuffe der Aufklärung [...], welche das Zeitalter des königlichen Sängers bereits erstiegen hatte", kommt für Mendelssohn nicht nur in den vielen Weisheitspsalmen, in der lehrhaften Tendenz der „Unterweisung" (*maskil*) zum Ausdruck (siehe oben S. 231 und 236); er verstärkt die offensichtlichen Parallelen zwischen der jüdischen Religion, wie sie sich in der tiefen Einsicht der Psalmen in Probleme und Bedingungen der menschlichen Existenz zeigt, und den Idealen seiner Zeit noch dadurch, daß er an wichtigen Stellen die rationale Religion, die Modernität der Psalmen auch im Wort hervortreten läßt, indem er zwei zentrale Begriffe der Aufklärung verwendet: Vernunft und Tugend. Das Laster macht den Menschen unglücklich, die Tugend führt zur Glückseligkeit, und wer der Tugend folgt, handelt vernünftig: Das war die Maxime der Aufklärung seit Christian Wolff, dem großen systematischen Philosophen der ersten Jahrhunderthälfte, für den Mendelssohn immer „eine Art von Vorliebe" beibehalten hatte (Brief vom 26. April 1785 an Johann Christoph Schwab). Übersetzte Luther beispielsweise *ha-yesh maskil* in „ob jemand klug sey", so heißt es bei Mendelssohn „Ob einer der Vernunft gehorche" (14, 2); *chadal le-haskil le heytiw* gibt Luther relativ wörtlich als „Sie lassen sich auch nicht weisen / das sie guts theten" wieder, Mendelssohn konstatiert aufklärerisch: „Vernunft und Tugend fern von ihm" (36, 4); sein „Die Unvernunft sieht das nicht ein: / Undenkende begreifen nicht" heißt bei Luther „Ein Törichter gleubt das nicht / Vnd ein Narr achtet solchs nicht", im Original stehen *isch b'ar* und *ksil*, beides einen dummen, törichten Menschen bezeichnend (92, 7); der Theologe Michaelis übersetzt übrigens ganz ‚theologisch': „viehischer Mensch" und „Thor". Man glaubt, eine Stimme aus einem Trauerspiel Lessings zu hören, wenn Mendelssohn Psalm 37, 27 dolmetscht: „Dem Laster gram, der Tugend hold; so bleibst du immer" – was bei Luther einfach heißt „Las vom bösen vnd thu gutes / Vnd bleibe jmerdar". Und auch „Tut mir auf die Pforten der Tugend!" (118, 19) anstelle von Luthers „thoren der Gerechtigkeit" ist ganz 18. Jahrhundert.

Diese ‚Modernisierung' wurde von vielen christlichen Zeitgenossen verurteilt; ein anonymer Rezensent im *Deutschen Museum* von 1788 zweifelt, ob die „hebräischen Psalmen denn wol wirklich so überzeugende Beweise von dem hohen Grade religiöser und moralischer Aufklärung des davidischen Zeitalters enthalten". Sein Haupteinwand ist sprachlicher Natur. Das Hebräische hält er für eine Sprache auf „der untern Stufe ihrer Cultur", weil sie noch keine Philosophie habe, weil sie „noch immer in Bildern und schwankenden Ausdrücken redet, und man es deutlich merkt, daß es ihr an bilderlosen bestimmten Ausdrücken fehlet". Er stellt sich damit gegen den Konsens der Zeit, den auch Mendelssohn in seinen ästhetischen Schriften vertrat, nämlich die Überlegenheit der Vermittlung auch von Vernunftwahrheiten durch Bilder, die den ganzen Menschen und nicht nur die Vernunft ansprechen.

Auch meinte man, Mendelssohns Übersetzung reiche in der Sprachgewalt nicht an die Lutherische heran. Oft verstellt aber nur die Gewöhnung an dessen Diktion den Blick für die Schönheit der Mendelssohnschen Übertragung. Gewiß, der Rhythmus ist nicht so leicht und fließend wie bei Luther, aber die bildlich dichte, durch harte Fügungen gestaute Sprache hat einen Charme, der nichts von der Unbeholfenheit eines Knapp oder Michaelis aufweist, aber auch die übliche ‚lyrische' Glätte vermeidet. Ein Beispiel soll das veranschaulichen; der 13. Psalm (vgl. oben S. 24) lautet bei Luther:

> (2) HERR / wie lang wiltu mein so gar vergessen? Wie lange verbirgstu dein Andlitz fur mir?
> (3) Wie lange sol ich sorgen in meiner Seele / vnd mich engsten in meinem hertzen teglich? Wie lange sol sich mein Feind vber mich erheben?
> (4) Schaw doch vnd erhöre mich HERR / mein Gott / Erleuchte meine augen / das ich nicht im Tode entschlaffe.
> (5) Das nicht mein Feind rhüme / Er sey mein mechtig worden / Vnd meine Widersacher sich frewen / das ich niderlige.
> (6) Jch hoffe aber dar auff / das du so gnedig bist / Mein hertz frewet sich / das du so gerne hilffest. Jch wil dem HERRN singen / Das er so wol an mir thut.

Michaelis ist viel prosaischer:

> Jehova, wie lange willst du mich ganz vergessen? 2
> Wie lange verbirgest du dein Gesicht vor mir?
> Wie lange sollen Sorgen in meiner Seele seyn? 3
> Und der Kummer auch bey Tage mein Herz nicht verlassen?
> Wie lange soll mein Feind über mich siegen?
> Blicke auf mich, antworte mir, Jehova, mein Gott, 4
> Laß meine Augen leuchten, und mich nicht den Schlaaf des Todes schlafen,
> Damit mein Feind nicht sage, ich habe ihn überwältiget, 5
> Und meine Gegner sich über meinen Fall nicht freuen.
> Ich verlasse mich auf deine Gnade, 6
> Mein Herz ist über deine Hülfe frölich,
> Ich will Gotte Lieder singen, denn er erzeiget mir Gutes.

Von Cramers reimender Trivialisierung braucht nur seine wortreiche Expandierung des sechsten Verses (der letzten drei Zeilen bei Michaelis) zitiert werden:

Gott, ich hoff in meinem Leide,
  Wenn du länger auch verweilst.
Meinen Geist beglückt die Freude,
  Daß du gern zu helfen eilst.
Meinen Gram will ich bezwingen;
  Deine Güte bet ich an!
Deiner Güte will ich singen,
  Daß du mir so wohl gethan!

Mendelssohns Versuch, mit seiner Psalmenübersetzung die Versöhnung von Religion und Vernunft, ja ihre Identität zu erweisen, bleibt bei aller möglichen Kritik eines der schönsten Zeugnisse der ‚trostvollen Aufklärung'.

Menschen! Menschen! wohin habt ihr es endlich kommen lassen?

„Meine Lebensumstände sind von so geringer Erheblichkeit, daß ich Ihren Lesern keine sonderliche Unterhaltung davon versprechen kann; mir selbst haben sie so unwichtig geschienen, daß ich nicht das mindeste davon aufgezeichnet habe. [...] Die Hauptfacta, auf die ich mich jetzt besinnen kann, sind ungefähr diese:

Ich bin im Jahre 1729 (den 12 Ellul 489 nach jüdischer Zeitrechnung) zu Dessau geboren. Mein Vater war daselbst Schulmeister und Zehngebotschreiber, oder Sopher. Unter *Rabbi Fränkel*, der damals in Dessau Oberrabbiner war, studirte ich den Talmud. Nachdem sich dieser gelehrte Rabbi, durch seinen Commentar über den hierosolymitanischen Talmud, bei der jüdischen Nation großen Ruhm erworben, ward er etwa im Jahre 1743 nach *Berlin* berufen, wohin ich ihm noch in demselben Jahre folgte. Allhier gewann ich durch den Umgang mit dem nachherigen Doctor der Arzneigelartheit, Herrn Aron *Gumperz* (der vor einigen Jahren zu Hamburg verstorben), Geschmack an den Wissenschaften, dazu ich auch von demselben einige Anleitung erhielt. Ich ward hierauf in dem Hause eines reichen

Juden [Isaak Bernhard] Informator, hernach Buchhalter, und endlich Aufseher über desselben seidene Waaren-Manufactur, welches ich noch auf diese Stunde bin. In meinem drei und dreißigsten Jahr habe ich geheirathet, und seitdem sieben Kinder gezeugt, davon fünfe am Leben. Übrigens bin ich nie auf einer Universität gewesen, habe auch in meinem Leben kein Collegium lesen hören. Dieses war eine der größten Schwierigkeiten, die ich übernommen hatte, indem ich alles durch Anstrengung und eigenen Fleiß erzwingen mußte. In der That trieb ich es zu weit, und habe mir endlich durch Unmäßigkeit im Studiren seit drei Jahren eine Nervenschwäche zugezogen, die mich zu aller gelehrten Beschäftigung schlechterdings unfähig macht." (Brief vom 1. März 1774 an Johann Jacob Spiess)

Diese Skizze, die einzige größere autobiographische Äußerung, die wir von ihm besitzen, kann nur unvollständig zeigen, unter welch drückenden Bedingungen, unter welch unsäglichen Mühen Mendelssohn zu einem der glänzendsten Ästhetiker und Philosophen der Aufklärung wurde, der 1763 mit seiner Abhandlung *Über die Evidenz in Metaphysischen Wissenschaften* den Preis der Königlichen Akademie der Wissenschaften in Berlin vor dem damals noch unbekannten Kant erhielt (dessen Schrift die Akademie allerdings mit höchstem Lob versah); Herkunft und Erziehung machen es fast unbegreiflich, daß er zusammen mit Lessing und Friedrich Nicolai der Begründer der deutschen Literaturkritik werden konnte, daß er schließlich zum Vater der jüdischen Haskala wurde, zu dem, der die deutsche Judenheit vor allem durch seine Pentateuch und seine Psalmen-Übersetzung zur Identifkation mit deutscher Kultur und Sprache führte, ja der das Deutsche überhaupt erst zu einer ‚lesbaren', stilistisch eleganten philosophischen Sprache machte, über den Kant, der bei seiner eigenen philosophischen Ausdrucksweise „Rundung, Glätte und leichte Beweglichkeit" vermißte, sagte: „Es sind wenige so glücklich, vor sich und zugleich in der Stelle anderer zu dencken und die ihnen alle angemessene Manier im Vortrage treffen zu können. Es ist nur ein Mendelssohn." (Brief an Mendelssohn vom 16. August 1783)

Doch spürte Mendelssohn lebenslang die Grenzen und Schwierigkeiten der Aufklärung, theoretisch und praktisch, und er war sich mit Lessing darin einig, daß man auch Vorurteilen gegenüber Vorurteile haben könne. Dennoch hielt er fest an den Idealen der Aufklärung, wenn auch ihre Praxis (was er „Kultur“) nannte, noch weit von ihrer Verwirklichung entfernt war. Sein Leben und Wirken ist, wie Alfred Jospe und Leni Yahil in der *Encyclopaedia Judaica* treffend zusammenfassen, nicht nur was den Konflikt zwischen Assimilation der Juden und Bewahrung der jüdischen Besonderheit angeht, ein Symbol der Widersprüche und der kritischen Hoffnungen seiner Zeit. Gegen welche Widerstände Mendelssohn diese Hoffnungen gläubig aufrecht erhielt, wird deutlich, wenn man liest, was er, der erst 1763 das Privileg eines außerordentlichen Schutzjuden erhielt und bis dahin völlig rechtlos war, im Juli 1780 einem Benediktinermönch schrieb. Und erst von hier aus können wir seine Größe ermessen: „Allhier in diesem sogenannten duldsamen Lande lebe ich gleichwohl so eingeengt, durch wahre Intoleranz so von allen Seiten beschränkt, daß ich meinen Kindern zu Liebe mich den ganzen Tag in einer Seidenfabrik, so wie Sie – – sich in einem Kloster, einsperren muß; [...]. Ich ergehe mich zuweilen des Abends mit meiner Frau und meinen Kindern. Papa! fragt die Unschuld, was ruft uns jener Bursche dort nach? warum werfen sie mit Steinen hinter uns her? was haben wir ihnen gethan? – Ja, lieber Papa! spricht ein anderes, sie verfolgen uns immer in den Straßen, und schimpfen: Juden! Juden! Ist denn dieses so ein Schimpf bei den Leuten, ein Jude zu seyn? und was hindert dieses andere Leute? – Ach! ich schlage die Augen unter, und seufze mit mir selber: Menschen! Menschen! wohin habt ihr es endlich kommen lassen?“

INHALT

Die Deutsche Bibliothek – CIP-Einheitsaufnahme
Die Psalmen / übers. von Moses Mendelssohn. [Hrsg. von Walter Pape]. – Berlin : Henssel, 1991
Einheitssacht.: Psalmi ‹dt.›
ISBN 3-87329-141-X
NE: Mendelssohn, Moses [Übers.]; Pape, Walter [Hrsg.]; EST

Satz: Greiner & Reichel · Köln
Druck: Druckhaus Langenscheidt · Berlin
Bucheinband: Schöneberger Buchbinderei · Berlin

Printed in Germany